Alen Rob-Grije
REPRIZA

I0156743

REČ I MISAO
KNJIGA 558

Urednik
JOVICA AĆIN

S francuskog prevela
ALEKSANDRA MANČIĆ

CIP – Каталогизација у публикацији
Народна библиотека Србије, Београд

821.133.1-31
821.133.109-31

РОБ-Грије, Ален

    Repriza : roman / Alen Rob-Grije [s francuskog prevela Alek-
sandra Mančić]. – Beograd : Rad, 2004 (Lazarevac : Elvod-print). –
183 str. ; 20 cm. – (Biblioteka Reč i misao ; knj. 558)

Prevod dela: La reprise / Alain Robbe-Grillet. – Tiraž 1.000. – Str.
179–182: Repriza Alena Rob-Grijea / Aleksandra Mančić.

ISBN 86-09-00862-2

a) Роб-Грије, Ален (1922–) – „Реприза"
COBISS.SR-ID 116722700

ALEN ROB-GRIJE

REPRIZA

Roman

IZDAVAČKO PREDUZEĆE „RAD"
BEOGRAD

Izvornik

Nastavljanje i prisećanje su jedan isti pokret, ali u suprotnim smerovima; jer, ono čega se prisećamo, to je bilo; radi se, dakle, o ponavljanju okrenutom unazad; dok je nastavljanje u pravom smislu reči prisećanje okrenuto napred.

Seren Kjerkegor, *Gjentagelsen*

A zatim, neka mi ne dosađuju večitim potkazivanjem uz netačne ili protivrečne pojedinosti. Radi se, u tom odnosu, o objektivno stvarnom, a ne o tamo nekoj samozvanoj istorijskoj istini.

A. R-G.

PROLOG

Ovde, dakle, nastavljam, i rezimiram. Tokom beskonačnog putovanja železnicom, koja me je, iz Ajzenaha, dovela do Berlina preko Tiringije i Saksonije u ruševinama, prvi put posle jako mnogo vremena opazio sam onog čoveka koga zovem moj dvojnik, kako bih pojednostavio, ili moj istovetnik, ili još, manje teatralno, putnik.

Voz je napredovao nesigurnim i isprekidanim ritmom, uz često stajanje, ponekad na pustopoljini, očigledno zbog stanja šina, još delimično neupotrebljivih ili previše žurno popravljenih, ali i zbog stalnih tajanstvenih provera koje je obavljala sovjetska vojna administracija. Stajanje se prekomerno produžilo u nekoj važnoj stanici, koja je morala biti Hale-Hauptbanhof (ali nisam primetio nikakvu tablu koja bi to pokazala) pa sam izišao na peron da protegnem noge. Stanične zgrade izgledale su dve trećine porušene, kao i cela četvrt koja se pružala sleva, u nizini.

Pod plavičastom zimskom svetlošću, tkanje visokih zidova višespratnica dizalo je ka jednolično sivom nebu svoju krhku čipku i košmarnu tišinu. Neobjašnjivo, ako ne zbog istrajnih ostataka ledene jutarnje magle, koja bi ovde trajala duže nego drugde, obrisi tih tankih krhotina poređanih u uzastopnim planovima blistali su kao šljokice, sjajem lažnog. Kao da je reč o nadrealnoj predstavi (neka vrsta rupe u ujednačenom prostoru) cela slika ima neku neshvatljivu moć da opčini duh.

Kada pogled uspe da uhvati ulicu celom dužinom, kao i u nekim ograničenim odsečcima gde su zgrade gotovo sravnjene do temelja, konstatujemo da je ulica potpuno raščišćena, oprana, da su i najmanje krhotine nesumnjivo odnete kamionima umesto da budu ostavljene na gomilama duž ivica, kao što sam video da se radi u mom rodnom Brestu. Samo je ovde-onde, razbijajući nizove ruševina, ostao poneki ogroman komad građevine, poput trupa nekog grčkog stuba što leži na arheološkom nalazištu. Sve ulice su puste, bez ijednog vozila ili pešaka.

Nisam znao da je grad Hale toliko pretrpeo od anglo-američkih bombardovanja da bi, četiri godine posle potpisivanja mira, u njemu još bilo tako prostranih zona u kojima obnova još nije ni počela. Možda nije reč o Haleu, nego o nekom drugom velikom gradu? Ovi krajevi nisu mi nimalo poznati, pošto sam ranije dolazio u Berlin (kada, tačno, i koliko puta?) samo uobičajenim putem Pariz-Varšava, a to znači, mnogo severnije. Nemam kod sebe kartu, ali ne verujem da su nas železničke šine danas, posle Erfurta i Vajmara, skrenule u pravcu Lajpciga, smeštenog istočno, na drugoj trasi.

U tom trenutku mojih sanjarskih domišljanja, voz se konačno pokrenuo, bez upozorenja, tako sporo, na sreću, da nisam imao nimalo muke da se vratim u vagon i uskočim u njega. Tada sam se iznenadio opazivši koliko je izuzetno dugačka ova kompozicija. Da li su dodali još kola? A gde? Kao u nekom mrtvom gradu, peroni su sada potpuno pusti, kao da su se poslednji stanovnici upravo ukrcali da pobegnu iz njega.

U surovom kontrastu, gomila znatno gušća nego pri našem ulasku u stanicu osvojila je hodnik u vagonu, i s teškom mukom sam se provlačio između ljudskih bića koja su mi izgledala preterano debela, baš kao i njihovi pretrpani koferi i razni zavežljaji koji su zakrčili pod, bezoblični, reklo bi se, privremeni, slabo uvezani u iznenadnoj žurbi. Nepristupačna lica muškaraca i žena, izobličena od umora, pratila su me u teškom napredovanju neodređeno prekornim, možda čak i neprijateljskim, u svakom slučaju nimalo prijatnim pogledima, uprkos mojim osmesima... Osim ako ti jadni ljudi, očigledno u nevolji, nisu bili naprosto zaprepašćeni mojim neumesnim prisustvom, mojom udobnom odećom, izvinjenjima koja sam mrmljao u prolazu na školskom nemačkom koji je isticao da sam stranac.

I sam uznemiren dodatnom smetnjom koju sam kod njih nehotice izazivao, prošao sam pored svog kupea ne prepoznavši ga, i kada sam se našao u dnu hodnika, morao sam da se vratim nazad, to jest u pravcu prednjeg dela voza. Ovoga puta je nezadovoljstvo, do tada nemo, bilo izraženo očajničkim povicima i gunđanjem, na saksonskom dijalektu na kojem su mi najvećim delom izmicale reči, ali ne i njihov verovatni smisao. Kad sam konačno uočio svoju veliku crnu torbu u odeljku za prtljag, kroz vrata kupea koja su ostala širom otvorena, uspeo sam da prepoznam svoje mesto – svoje bivše mesto – bez dvoumljenja. Njega su sada zauzimala, kao uostalom i obe klupice, previše brojna deca stisnuta između roditelja ili na njihovim kolenima. Osim toga, bio je tu i jedan odrastao čovek koji je stajao pored prozora i koji je, čim sam prekoračio prag, okrenuo leđa staklu kako bi me do pojedinosti osmotrio.

Ne znajući tačno kakav stav da zauzmem, stao sam kao ukopan pred uzurpatorom koji je čitao berlinske novine širom otvorene pred licem. Svi su ćutali, sve oči – čak i dečije – bile su okrenute ka meni s nepodnošljivom upornošću. Ali kao da niko nije želeo da bude svedok mojih prava na mesto za sedenje koje sam izabrao po svom ukusu, na početku linije (Ajzenah je neka vrsta pogranične stanice otkako je nemačka teritorija podeljena) u smeru suprotnom od kretanja, sa strane prema hodniku. Ni ja se, uostalom, nisam osećao kadar da sa sigurnošću napravim razliku među tim ne baš naročito prijatnim saputnicima koji su se toliko umnožili u mom odsustvu. Nagnuo sam se ka prtljažniku, kao da hoću da uzmem nešto iz svoje torbe...

U tom trenutku, putnik je lagano spustio novine da me osmotri, s mirnom bezazlenošću vlasnika izvesnih prerogativa, i bez ikakve sumnje prepoznao sam, pred sobom, sopstvene crte: nesimetrično lice sa snažnim, grbavim nosom (čuveni „nosić grbonjić" nasleđen od majke), tamnih očiju veoma duboko usađenih u duplje natkriljene gustim crnim obrvama, desna koja se kao četkica buntovno diže ka slepoočnici. Frizura – prilično kratka, neuredna kovrdžava kosa prošarana prosedim pramenovima – isto tako je bila moja. Muškarac se začuđeno neodređeno osmehnuo kad me je opazio. Njegova desna ruka ispustila je štampane listove kako bi se počešala po uspravnom žlebu u dnu nozdrva.

Tada sam se setio lažnih brkova koje sam stavio za ovu misiju, vešto izrađenih i savršeno uverljivih, po svemu sličnih onima koje sam nekada nosio. Lice koje se uspravilo s druge strane ogledala bilo je bez i jedne dlake. Nekontrolisanim refleksnim pokretom, prešao sam prstom preko gornje usne. Moji lažni brkovi očigledno su još bili tu, na mestu. Putnikov osmeh postao je naglašeniji, možda podrugljiv, ili barem ironičan, dok je pravio isti pokret preko svoje gole usne.

Obuzet iznenadnom bezumnom panikom, živo sam strgnuo tešku torbu sa odeljka za kofere, baš iznad te glave koja mi nije pripadala, mada je neosporno bila moja (čak u izvesnom smislu i autentičnija), i ponovo izišao iz kupea. Za mnom, ljudi su poskakali i začuo sam povike protivljenja, kao da sam počinio krađu. Zatim se, kroz žamor, probio smeh, širok i zvučan, pun radosti, koji je – čini mi se – morao biti putnikov.

Niko, u stvari, nije pošao za mnom. Niko nije ni pokušao da mi prepreči put, dok sam se iznova probijao ka zadnjoj platformi vagona, onoj bližoj, gurajući po treći put iste preneražene gojazne ljude, ovoga puta nemilice. Uprkos prtljagu koji me je sada opterećivao, i nogama koje kao da samo što se nisu izmakle ispod mene, stigao sam veoma brzo, kao u snu, do vrata što vode na peron, koja je neko upravo odškrinuo, pripremajući se da siđe. Kompozicija je, zaista, sve više usporavala, pošto je išla lepom brzinom nekih pedeset kilometara, ili barem tokom značajnog vremena, mada ja, istinu govoreći, nisam bio kadar da procenim približno trajanje svojih nedavnih muka. Natpisi s velikim slovima na gotici, crno na belo, u svakom slučaju su jasno pokazivali da smo stigli u Biterfeld. Prethodna stanica, gde su moje nevolje počele, mogla je, dakle, jednako biti Hale kao i Lajpcig, jednako, ali ne i više.

Čim se voz zaustavio, skočio sam na peron sa svojim torbom, iza putnika koji je stigao do cilja svog putovanja, što svakako sa mnom nije bio slučaj. Potrčao sam duž kola, iz kojih je izlazilo malo ljudi,

11

sve do onih na čelu, iza stare parne lokomotive i nje-
nog tendera punog lošeg uglja. Na straži pored kabi-
ne za telefonsko uzbunjivanje, vojni policajac u siv-
kasto-zelenoj uniformi feld-žandarmerije nadzirao
je moje užurbano kretanje, koje je mogao smatrati
sumnjivim s obzirom na dužinu zadržavanja. Zato
sam se bez preterane žurbe popeo u vagon, očigled-
no manje pretrpan od onoga iz kojeg sam pobegao,
nesumnjivo zbog snažnog zadaha sagorelog lignita
koji je tu vladao.

Odmah sam našao slobodno mesto u jednom ku-
peu, s poluotvorenim kliznim vratima, gde je moj
iznenadni upad vidno poremetio atmosferu. Neću re-
ći „mir", jer se pre moralo raditi o grozničavoj, mož-
da čak i žestokoj svađi, koja je pretila da preraste u
tuču. Tu je bilo šestorica muškaraca, u krutim grad-
skim kaputima, s odgovarajućim šeširima, koji su na
moj ulazak svi u isti mah ostali nepomični, u položa-
ju u kojem sam ih zatekao; jedan je bio ustao, digav-
ši obe ruke ka nebu kao da proklinje; drugi, sedeći,
ispružio je levu pesnicu, napola savijenog lakta; nje-
gov sused uperio je u ovoga oba kažiprsta, s obe
strane glave, podražavajući rogove đavola ili bika
spremnog za napad; četvrti se okrenuo beskrajno tu-
žnog izraza lica, dok je onaj preko puta njega povio
grudi unapred da bi obema rukama pokrio lice.

Zatim, jako sporo, gotovo neosetno, njihovi po-
ložaji su se promenili. Ali ona žestoka osoba koja je
tek do pola bila spustila ruke, još je bila okrenuta le-
đima prema prozoru, kad se moj feld-žandarm poja-
vio na dovratku. Upečatljivi čuvar reda odmah se
obratio meni, koji samo što sam seo, i zatražio mi
papire jednim lakonskim i zapovedničkim: „*Ausweis
vorzeigen!*" Kao nekom čarolijom, buduće tabadžije
sada su se poređali sasvim pravo na svojim sedišti-

ma, s krutim šeširima i besprekorno zakopčanim dugmadima. Svi pogledi, međutim, ponovo su bili upereni u mene. Njihova indiskretna pažnja izgledala je utoliko upadljivija što nisam sedeo u uglu, nego na sredini klupe.

Sa svim mirom za koji sam bio kadar da odglumim, izvadio sam iz unutrašnjeg džepa svoj francuski pasoš, na prezime Roben; imena: Anri, Pol, Žan; profesija: inženjer; rođen u Brestu, itd. Na fotografiji sam imao guste brkove. Policajac me je dugo proučavao, svaki čas vraćajući pogled na moje živo lice, da uporedi. Zatim, s isto toliko pažnje, pregledao je zvaničnu vizu savezničkih snaga, koja me je nedvosmisleno ovlašćivala da uđem u Nemačku Demokratsku Republiku, i ta nedvosmislenost ponavljala se na četiri jezika: francuskom, engleskom, nemačkom i ruskom, uz mnoštvo odgovarajućih pečata.

Sumnjičavi podoficir u dugačkom šinjelu i sa ravnim šlemom na kraju se vratio na fotografiju i rekao mi donekle neprijatnim tonom nešto – neku restriktivnu napomenu, neko formalno pitanje, običan komentar – što nisam razumeo. Svojim najglupljim pariskim naglaskom odgovorio sam samo: „Niks feršten", radije se ne upuštajući u opasna objašnjavanja na Geteovom jeziku. Čovek nije insistirao. Pošto je u beležnicu zapisao čitav niz reči i brojki, vratio mi je pasoš i izišao. Zatim sam, s olakšanjem, kroz staklo u hodniku, video da je ponovo izišao na peron. Na nesreću, ova scena je još više podjarila sumnje mojih suseda, čiji nemi prekor je postajao očigledan. Da bih povratio pribranost i pokazao da mi je savest mirna, iz džepa na bundi izvadio sam tanke nacionalne novine kupljene istog jutra od uličnog prodavca, na stanici Gota, i počeo pažljivo da ih širim. Osetio sam, nažalost previše kasno, da sam time počinio novu nesmotrenost: zar nisam upravo jasno i glasno rekao da ne razumem nemački?

Međutim, moja latentna nelagodnost ubrzo je krenula drugim smerom: te novine bile su one iste koje je čitao moj dvojnik u drugom kupeu. Uspomena iz detinjstva tada se vratila punom snagom. Morao sam imati sedam-osam godina, espadrile, kratke pantalone, ispranu smeđkastu majicu, širok pulover izobličen od nošenja. Besciljno lutam dok plima raste, već je gotovo dostigla vrhunac, duž niza peščanih zatona, pustih, razdvojenih stenovitim grebenima preko kojih se još može lako pregaziti a da se ne moram penjati na dunu, sa strane Kerluana, na severu Finistera. Počinje zima. Noć pada brzo i morska magla, u sumrak, širi plavičastu svetlost koja senči obrise.

Venac pene s moje leve strane povremeno življe zablista, kratkotrajno i varničavo, pre nego što se prostre pred mojim nogama. Neko je tuda prošao nedavno, idući u istom pravcu. Trag njegovih koraka, pošto je ta osoba skrenula malo udesno, talasići na izdisaju još nisu izbrisali. Tako mogu da vidim da on nosi espadrile za plažu slične mojim, sa gumenom potplatom čije izdubljene šare su istovetne. Kao uostalom i veličina. Zaista, preda mnom, na nekih trideset-četrdeset metara, drugi dečak istih godina – u svakom slučaju, istog rasta – ide istim putem sve do ivice vode. Ceo njegov lik mogao je biti moj, nema sumnje, da nije bilo pokreta ruku i nogu koji su mi izgledali neprirodno široki, uzaludno žustri, isprekidani, malo neusklađeni.

Ko je to mogao biti? Poznajem sve ovdašnje dečake a ovaj me ne podseća ni na koga, osim što liči na mene. To je, znači, neki stranac u kraju, „*duchen-*

14

til", „došljak", kako kažu u Bretanji (verovatno po-
reklo: *tud-gentil*, svet izvana). Ali u ovo doba godi-
ne, deca slučajnih turista ili putnika već odavno su se
vratila u svoje gradske škole... Kad god se izgubi iza
granitnih gromada koje su stajale na izbočinama u
pustari, i kada ja, sledeći ga, krenem najtešnjim i
najklizavijim prolazom preko glatkog kamenja iša-
ranog smeđim morskim algama, zateknem ga u sle-
dećem zatonu kako igra na šljunku, neprestano odr-
žavajući stalno odstojanje između nas, čak i ako ja
usporim ili ubrzam, samo malo nejasniji kako se dan
bliži izmaku. Kada zaobiđem kućicu što je zovu ca-
rinikova, koju više niko ne održava i gde više niko
ne pazi na kradljivce naplavina, ne vidi se gotovo ni-
šta više. Ovog puta, uzalud tražim svog putovođu, na
rastojanju na kojem bi se morao pojaviti. Dobri duh
koji mlatara rukama zaista je iščezao u magli.

I evo me odjednom na tri koraka od njega. Seo je
na veliki kamen koji odmah prepoznajem po gosto-
primljivom obliku, jer sam se i ja na njemu često od-
marao. Nagonski zastajem, neodlučan, zazirući da
uljezu priđem suviše blizu. Ali on se tada okrene
prema meni i ne usuđujem se da ne produžim dalje,
možda malo neodlučnijim korakom, oborivši glavu
kako bih izbegao da se susretnem s njegovim pogle-
dom. Desno koleno mu je ovenčano crnkastom kra-
stom, nesumnjivo usled nedavnog pada na stenju. I
ja sam, pre dve večeri, napravio istu ogrebotinu. I u
svojoj zbunjenosti ne mogu da se uzdržim da ne di-
gnem pogled do njegovog lica. Ima izraz pomalo za-
brinute, u svakom slučaju uslužne naklonosti, i bla-
ge neverice. Više nije moguća nikakva nedoumica:
to sam zaista ja. Sad je mračno. Ne čekajući više ni
tren, očajnički se nadam u trk.

15

Danas sam se ponovo koristio tim kukavičkim sredstvom, bekstvom. Ali odmah zatim sam se ponovo vratio u ukleti voz, pun sećanja i aveti, gde su svi putnici zajedno izgledali kao da su tu samo zato da bi me uništili. Zadatak koji mi je bio poveren onemogućavao me je da napustim kompoziciju na prvoj usputnoj stanici. Morao sam ostati među ovom šestoricom zlonamernih ljudi koji su ličili na pogrebnike, u tom vagonu što zaudara na sumpor, sve do stanice Berlin-Lihtenberg, gde me je čekao onaj koga su zvali Pjer Garen. Tada mi se ukazuje nov aspekt mog besmislenog položaja. Ako putnik stigne pre mene u stanični hol, Pjer Garen će mu svakako prići da ga dočeka, s utoliko većom sigurnošću pošto još ne zna da novi Anri Roben nosi brkove...

Mogu se predvideti dve pretpostavke: ili je uzurpator samo neko ko liči na mene, poput kakvog blizanca, i Pjer Garen se lako može odati, lako nas može odati, pre nego što se nesporazum razotkrije; ili je putnik zaista ja, to jest moja istinska kopija, a u tom slučaju... Ali ne! Takva pretpostavka nije realistična. To što sam ja u detinjstvu u Bretanji, zemlji veštica, živih mrtvaca i svakojakih aveti, trpeo poremećaje identiteta koje neki lekari smatraju za ozbiljne, to je jedna stvar. A nešto sasvim drugo bi bilo zamišljati da sam, trideset godina kasnije, ozbiljno u opasnosti da postanem žrtva zlih čini. U svakom slučaju, treba da ja budem prvi koga će Pjer Garen ugledati.

Stanica Lihtenberg je u ruševinama, i osećam se još više izgubljen zbog činjenice da sam navikao na Zoo-Banhof, u zapadnom delu stare prestonice. Pošto sam među prvima izišao iz onog nesrećnog voza, zatrovanog sumpornim isparenjima, za koji u ovom trenutku utvrđujem da će nastaviti putovanje na sever (sve do Štralzunda i Zasnica, na Baltičkom moru) polazim podzemnim prolazom koji vodi do različitih perona, i u žurbi, pogrešim smer. Na sreću, postoji samo jedan izlaz, pa se tako vratim na pravu stranu, gde, blagosiljajući nebo, odmah prepoznam Pjera Garena, na vrhu stepeništa, i dalje naizgled hladnokrvnog uprkos našem velikom zakašnjenju u odnosu na naznačeni red vožnje.

Pjer nije prijatelj u pravom smislu reči, već drag kolega iz Službe, malo stariji od mene, čije su se operacije u više navrata podudarale s mojim. Nikada u njega nisam imao slepo poverenje, kao ni načelno nepoverenje. Malo govori, i u svakoj prilici mogao sam da se uverim u njegovu delotvornost. I on je, čini mi se, morao da se uveri u moju, jer sam u Berlin došao na njegov izričit zahtev, kao pojačanje u ovoj ne baš ortodoksnoj istrazi. Ne stegavši mi ruku, što se kod nas ne radi, samo me pita: „Dobro ste putovali? Nije bilo značajnijih problema?“

Ponovo sam video, u tom trenutku, dok je kompozicija napuštala Biterfeld s uobičajenom sporošću, sumnjičavog feld-žandarma kako stoji na peronu blizu stražarske kućice. Podigao je telefonsku slušalicu, a u drugoj ruci držao je otvorenu svoju beležnicu, kojom se pomagao dok je govorio. „Ne, odgovorio sam, sve je dobro prošlo. Samo malo zakašnjenje.

– Hvala na obaveštenju. Ali to sam shvatio.“

Ironija u njegovoj primedbi nije bila podvučena nikakvim osmehom, niti i najmanjim razvedravanjem lica. Odustao sam od te teme razgovora. „A ovde?

– Ovde je sve u redu. Osim što umalo da te promašim. Prvi putnik koji se popeo uz stepenište na izlazu, po dolasku voza, liči na tebe kao dvojnik. Umalo da mu se obratim. On je izgledao kao da me ne poznaje. Spremao sam se da ga sledim u korak, pretpostavljajući da bi se ti radije sa mnom sreo navodno slučajno, izvan stanice, ali sam se na vreme setio tvojih lepih novih brkova. Da, Fabijen me je upozorio."

Kraj telefona koji je izgleda bio javni, ali koji je ipak čuvao jedan ruski policajac, stajala su tri gospodina u tradicionalnim širokim zelenim kaputima od meke čoje. Nisu imali nikakav prtljag. Izgledali su kao da čekaju nešto i nisu međusobno razgovarali. Svaki čas bi se jedan ili drugi okrenuo prema nama. Ubeđen sam da su nas nadzirali. Upitao sam: „Dvojnik, kažeš... bez lažnih brkova... Misliš li da bi mogao biti u vezi s našim poslom?

– Nikad se ne zna. Na sve treba misliti" – odgovorio je Pjer Garen neutralnim glasom, jednako bezbrižnim i preterano obzirnim. Možda se čudio, a da to nije pokazivao, pretpostavci koju je smatrao za nastranu. Morao bih u buduće da bolje pazim na svoje reči.

U neudobnim kolima uzetim na brzu ruku, s prljavom vojnom kamuflažom, vozili smo se u tišini. Moj drug mi je ipak u nekoliko reči pokazivao, s vremena na vreme, sred ruševina, šta je tu nekada bilo, u vreme Trećeg Rajha. Bilo je to poput razgledanja s vodičem nekog nestalog drevnog grada, Heropolisa, Tebe ili Korinta. Posle mnogo zaobilaženja, prouzrokovanih još neraskrčenim saobraćajnicama, ili zabranjenim smerovima, i nekoliko gradilišta na kojima su obnavljane građevine, stigli smo do starog centra grada, gde su bezmalo sve zgrade bile više od polovine porušene, ali je izgledalo kao da pri našem prolasku ponovo izranjaju u punom sjaju, na nekoliko trenutaka, pod avetinjskim opisima čičeronea Pjera Garena, koji nije imao potrebu za mojim učestvovanjem.

Kada smo prošli mitski Aleksanderplac, čije se i samo postojanje više nije moglo prepoznati, prešli smo preko dva uzastopna rukavca Špreje i došli do onoga što je nekad bilo Unter den Linden, između Humboltovog Univerziteta i Opere. Obnova te monumentalne četvrti, preopterećene nedavnom istorijom, očigledno nije predstavljala prioritet za novi režim. Skrenuli smo levo, malo ispred klimavih, teško prepoznatljivih ostataka Fridrihštrase, još nekoliko puta smo skretali kroz taj lavirint od ruševina, gde se moj vozač izgleda osećao kao kod kuće, da bismo na kraju izbili na Trg žandarmerije (konjičke jedinice Fridriha II tu su imale svoje štale) koji je Kjerkegor smatrao za najlepši trg u Berlinu, u zimsko predvečerje, pod nebom koje je sada postalo vedro i gde su počele da se pale prve zvezde.

Baš na uglu s Jegerštrase, to jest kod broja 57 u toj sada građanskoj ulici, još stoji jedna kuća, manje--više nastanjiva i nesumnjivo delimično nastanjena. Tu smo ušli. Pjer Garen me vodi u razgledanje kuće. Penjemo se na prvi sprat. Nema struje, ali na svakom odmorištu gori starinska petrolejka koja oko sebe baca slabu crvenkastu svetlost. Napolju će uskoro sasvim pasti mrak. Otvaramo vratanca koja na sredini, u visini pogleda, nose inicijale od lima (J. K.), i ulazimo u antre. Sleva, zastakljena vrata vode u toalet. Nastavljamo pravo; nalazimo se u predsoblju na koje izlaze dve savršeno istovetne sobe, nameštene nemarno ali na savršeno isti način, kao kad vidimo neku sobu udvojenu u velikom ogledalu.

Sobu u dnu osvetljava svećnjak od lažne bronze, s tri upaljene sveće, stavljen na pravougaoni sto od braonkastog drveta, pred kojim kao da čeka, malo iskošena, fotelja luj XV u lošem stanju, presvučena pohabanim crvenim velurom, gde-gde usijanim od

prljavštine, a na drugim mestima posivelim od praši-
ne. Nasuprot starim pocepanim zastorima koji naj-
bolje što mogu sakrivaju prozor, nalazi se i prostran
ormar krutih linija, bez ikakvog stila, neka vrsta san-
duka napravljenog od iste bajcovane čamovine kao i
sto. Na ovome, između svećnjaka i fotelje, list bele
hartije kao da se neprimetno kreće pod lelujavim
plamenom sveća. Drugi put toga dana, ponovo mi se
vraća silovit utisak iz davnog detinjstva. Ali, neu-
hvatljiv i promenljiv, on odmah gasne.

Prednja soba nije osvetljena. Čak nema ni sveće
u svećnjaku od olovne legure. Prozor zjapi otvoren,
bez stakla i rama, i kroz njega prodire spoljašnja
hladnoća kao i bleda mesečeva svetlost koja se me-
ša s toplijim, mada zbog daljine veoma prigušenim
sjajem koji dopire iz sobe u dnu. Ovde oba krila or-
mara zevaju širom otvorena, puštajući da se nazru
prazne police. Sedište na fotelji je propalo, pramen
crne dlake izviruje kroz trougaonu posekotinu. Pla-
vičasti pravougaonik prozorskog krila neodoljivo
nas privlači.

Pjer Garen, uvek opušten, pruženom rukom po-
kazuje izuzetne građevine koje okružuju trg, ili su ga
bar okruživale od vremena kralja Fridriha, zvanog
Veliki, pa sve do apokalipse poslednjeg svetskog ra-
ta: Kraljevsko pozorište u sredini, Francuska crkva
desno i Nova crkva levo, neobično nalik jedna dru-
goj uprkos suprotstavljenosti konfesija, sa istim
izvajanim šiljcima kojima se završava zvonik na ro-
tondi koja se nadnosi nad istim četvorostrukim por-
talima s novogrčkim stubovima. Sve se to srušilo,
sada je svedeno na ogromne hrpe tesanih blokova na
kojima se još razaznaju, pod nestvarnom svetlošću
ledenog punog meseca, listovi na kapitelu, draperija
na divovskom kipu, ovalni oblik prozora.

Nasred trga uzdiže se masivno postolje, jedva okrnjeno bombama, neke danas nestale alegorije izrađene u bronzi, koja simbolizuje moć i slavu vladara kroz evokaciju jedne užasne legendarne epizode, ili pak predstavljajući nešto sasvim drugo, jer ništa nije zagonetnije od alegorije. Franc Kafka ju je zacelo dugo posmatrao, ima tome tačno četvrt veka[1], dok je živeo u njenom neposrednom susedstvu, u društvu Dore Dimant, poslednje zime svoga kratkog postojanja. Vilhelem fon Humbolt, Hajnrih Hajne, Volter, takođe su živeli na Trgu žandarmerije.

Napomena 1 – I sam nepouzdan, pripovedač, koji se predstavlja pod izmišljenim imenom Anri Roben, ovde pravi omašku. Pošto je proveo leto na obali Baltičkog mora, Franc Kafka se nastanio u Berlinu za poslednji boravak, ovog puta s Dorom, u septembru 1923, i vratio se u Prag u aprilu 1924, gotovo već na samrti. Priča A. R. smeštena je na početak zime „četiri godine posle sklapanja mira", dakle krajem 1949. Znači, proteklo je 26, a ne 25 godina, između njegovog prisustva na tom mestu i onog Kafkinog. Greška se ne može ticati onoga „četiri godine": tri godine posle sklapanja mira (što bi zaista bilo četvrt veka), dakle, krajem 1948, bilo bi u stvari nemoguće, jer bi tako putovanje A. R. palo usred blokade koju je Sovjetski Savez sproveo u Berlinu (od juna '48 do maja '49).

„Evo, dakle, kaže Pjer Garen. Naš klijent, nazovimo ga X, morao bi doći ovamo, pred nas, tačno u ponoć. Sastanak će biti u podnožju oštećenog kipa, koji je slavio pobedu pruskog cara nad Saksoncima, zajedno s onim za koga verujemo da je njegov ubica. Tvoja uloga će se, za sada, ograničiti na to da sve posmatraš i beležiš s uobičajenom tačnošću. U fioci u stolu nalazi se noćni dogled, u onom u drugoj sobi. Ali mehanizam im nije u baš besprekornom stanju. S ovom neočekivanom mesečinom, vidi se bezmalo kao po danu.

– A ta eventualna žrtva, koju si nazvao X, svakako znamo njen identitet?

– Ne. Jedva nekoliko pretpostavki, uostalom, protivrečnih.

– Šta se pretpostavlja?

– Objašnjenje bi suviše potrajalo, i ničemu ti ne bi služilo. U izvesnom smislu, to bi čak moglo iskriviti tvoj objektivni sud o ličnostima i događajima, koji mora ostati što je moguće nepristrasniji. Za sada, ostavljam te. Već kasnim, zbog one šklopocije od tvog voza. Ostavljam ti ključ vratanaca ’J. K.’, jedinih koja vode u stan.

– Ko je ta, ili taj J. K.?

– Nemam pojma. Sigurno bivši vlasnik, ili stanar, na ovaj ili onaj način uništen u konačnoj kataklizmi. Možeš da zamišljaš šta želiš: Johan Kepler, Jozef Kesel, Džon Kits, Joris Karl, Jakob Kaplan... Kuća je napuštena, u njoj su ostali samo skitnice i aveti.“

Nisam insistirao. Pjer Garen je odjednom izgledao kao da mu se žuri da krene. Ispratio sam ga do vrata, koja sam zaključao za njim. Vratio sam se u osbu u dnu i seo na fotelju. U fioci u stolu zaista je stajao sovjetski dogled za noćno osmatranje, ali i poluautomatski pištolj 7.65^2, hemijska olovka i kutija šibica. Uzeo sam olovku, zatvorio fioku, primakao fotelju stolu. Na belom listu sam, lepim sitnim rukopisom i bez precrtavanja, bez oklevanja počeo svoju priču:

„Tokom beskonačnog putovanja železnicom, koja me je iz Ajzenaha dovela do Berlina preko Tiringije i Saksonije u ruševinama, prvi put posle jako mnogo vremena opazio sam onog čoveka koga zovem moj dvojnik, kako bih pojednostavio, ili moj istovetnik, ili još, manje teatralno, putnik. Voz je napredovao nesigurnim i isprekidanim ritmom, itd., itd.

Napomena 2 – Ova pogrešna naznaka izgleda nam mnogo ozbiljnija od prethodne. Vratićemo se na to.

U jedanaest i pedeset, pošto sam utrnuo sve tri sveće, namestio sam se u fotelju s rasporenim sedištem, pred otvorom koji je zjapio u drugoj sobi. Vojni dogled, kao što je predvideo Pjer Garen, nije mi bio ni od kakve pomoći. Mesec, visoko na nebu, sada je blistao sirovim, grubim, nemilosrdnim sjajem. Posmatrao sam prazno postolje nasred trga, i grupa od lažne bronze malo-pomalo mi se ukazivala i, u nekoj vrsti očiglednosti, bacala začuđujuće čistu crnu senku, kad se uzme u obzir njena fina obrada, na dobro utaban deo beličastog tla. Tu se radi, po svemu sudeći, o antičkim kolima koja u punom galopu vuku dva nervozna konja sa grivama što šibaju u ludim pramenovima na vetru, i na kojima sedi nekoliko likova, verovatno amblematičnih, čiji se neprirodni položaji nimalo ne slažu s pretpostavljenom brzinom trke. Stojeći napred, zamahujući dugim vozarskim bičem s krivudavim kaiševima preko sapi, onaj koji vozi kola je starac plemenitog stasa, ovenčan dijademom. Možda predstavlja cara Fridriha lično, ali monarh je ovde odeven u helensku togu (koja mu ostavlja otkriveno desno rame) čiji skuti lepršaju oko njega u skladnim talasima.

Pozadi, dva mladića odvažno stoje čvrsto na nogama, malo razmaknutim, i svaki od njih napinje strunu na luku impozantnih dimenzija, strela uperenih jedna napred desno, druga napred levo, što međusobno tvore ugao od otprilike trideset stepeni. Dva strelca ne stoje baš rame uz rame, nego su udaljeni pola koraka, kako bi lakše mogli da odapnu strelu. Brade su im podignute, motre na opasnost koja im dolazi s horizonta. Njihova skromna odeća – neka vrsta kratke grube pregače, bez ičega što bi im štitilo prsa – dopušta pretpostavku da su nižeg roda, ne patricijskog.

Između njih i čoveka koji upravlja kolima, mlada žena nagih grudi sedi na jastucima, u položaju koji podseća na Lorelaj, ili na malu sirenu iz Kopenhagena. Još devojačka ljupkost njenog lica i tela spojene su s nadmenim, gotovo prezrivim izrazom. Da li je to živa boginja iz hrama, koja se na jedno veče pokazala da bi joj se divila gomila na kolenima? Da li je to zarobljena princeza, koju njen otmičar na silu odvodi na neprirodno venčanje? Da li je to pokvareno dete čiji popustljivi tata želi da joj razbije dosadu ovom šetnjom u otkrivenim kolima, i koja je krenula u živu trku po nesnosnoj žezi letnje noći?

Ali evo, na pustom trgu pojavljuje se neki muškarac, kao da je izišao iz veličanstvenih ruševina Kraljevskog pozorišta. I namah se rasprši noćna sparina sanjarija o Istoku, zlatna žrtvena palata, gomila u ekstazi, plamena kola mitološkog erosa... Visoka prilika onoga ko mora biti da je X još je uvećana dugim tesnim kaputom, veoma tamnim, čiji se donji deo (ispod pojasa koji ističe struk) širi pri hodu, zahvaljujući dubokim izrezima u teškom štofu, s lakovanim jahaćim čizmama koje se otkrivaju jedna za drugom sve do sara, pri svakom koraku. Najpre krene prema mom osmatračkom mestu, gde, duboko zaklonjen, ostajem u senci; zatim, na pola puta, polako se okrene oko samog sebe, pročešljavši neustrašivim pogledom okolinu, ali bez zadržavanja; odmah zatim, skrenuvši udesno, odlučnim korakom prilazi ponovo praznom postolju, reklo bi se, u iščekivanju.

Baš pre nego što stigne do njega, odjekne pucanj. Nema vidljivog napadača. Strelac se zacelo sklonio iza nekog zida, ili u razjapljeni otvor nekog prozora. X podiže levu ruku, u kožnoj rukavici, do grudi, a zatim s izvesnim zakašnjenjem i kao usporeno, pada na kolena... Drugi pucanj začuje se u tišini, jasan, pun, praćen snažnim odjekom. Zvuk praska pojačan jekom ne dozvoljava da se odredi mesto odakle je došao, kao ni da se proceni tačna priroda oružja koje ga je proizvelo. Ali ranjenik još uspeva da polako okrene trup, i da podigne glavu približno u mom pravcu, pre nego što se sruši na tlo, dok odjekuje treći pucanj.

X se više ne pomera, ležeći na leđima u prašini, raširenih udova. Dvojica muškaraca ubrzo dotrčavaju iz ugla trga. Odeveni u jakne od debelog platna kakve se viđaju na radnicima na zemljanim građevinskim radovima, glava pokrivenih krznenim kapama poput poljskih šapki, dotrčavaju do žrtve ne preduzimajući nikakve mere predostrožnosti. Nemoguće je, s obzirom na udaljenost sa koje su se pojavili, osumnjičiti ih za ubistvo. Da nisu ipak saučesnici? Na dva koraka od tela, oni naglo zastaju i na trenutak ostaju nepomični, posmatrajući mramorno lice koje je mesec učinio potpuno belim. Onaj viši od njih dvojice tada skida kapu, lagano i s poštovanjem, i nakloni se na neki način ceremonijalno odajući počast. Onaj drugi, ne skinuvši kapu, prekrsti se, jako pritiskajući grudi i ramena. Tri minuta kasnije, oni pronovo dijagonalno prelaze preko trga, brzo koračajući jedan iza drugog. Ne verujem da su razmenili i jednu reč.

Zatim, ne događa se više ništa. Pošto sam još malo sačekao, tokom vremena čiju je dužinu ipak nemoguće proceniti (propustio sam da pogledam na sat, čiji brojčanik, uostalom, ne svetli) odlučim da siđem, ne žureći se preterano, zaključavši, iz predostrožnosti, vratanaca „J. K.". Moram čvrsto da se držim za gelender, jer su petrolejke odnete ili ugašene (ko je to učinio?) i tama, sada potpuna, otežava mi put koji slabo poznajem.

Napolju je, naprotiv, sve svetlije. Oprezno prilazim telu, koje ne daje nikakve znake života, i naginjem se nad njim. Nikakav znak disanja se ne opaža. Lice liči na lice starca od bronze, što ništa ne znači, jer sam ga ja sam izmislio. Nagnem se još malo, otkopčam s gornje strane kaput s okovratnikom od vidre (to je detalj koji mi je iz daljine promakao) i želim da utvrdim gde se nalazi srce. Osećam nešto tvrdo u unutrašnjem džepu sakoa, odakle, odista, vadim tanak novčanik od tvrde kože, čudno probušen u jednom od uglova. Pipajući ispod džempera od kašmira, ne otkrivam ni najmanji znak otkucaja srca, kao ni žile kucavice na vratu, ispod vilice. Uspravljam se kako bih što pre stigao do broja 57 u Lovčevoj ulici, jer *Jägerstrasse* znači to.

Pošto sam bez previše muke u pomrčini stigao do vratanaca na prvom spratu, opazio sam, uzimajući ključ iz džepa, da mi je kožni novčanik ostao u ruci, a da na to nisam obratio pažnju. Dok pipam tražeći otvor na ključaonici, neka sumnjiva škripa iza mojih leđa privlači mi pažnju; osim toga, kad okrenem glavu na tu stranu, vidim uspravnu crtu svetlosti koja polako postaje sve duža: kvaka na vratima naspram mojih, na drugom stanu, upravo se otvara s očiglednim nepoverenjem. U otvoru se ubrzo pojavljuje, osvetljena od glave do pete svećom koju drži ispred sebe, starica koja u mene upilji oči uz nešto što izgleda prekomeran strah, ako ne i užas. Naglo ponovo zatvori vrata tako snažno da jezičak upadne u ležište uz tresak nalik eksploziji, od čega odzvanjaju cela vrata. Ja se sklanjam u nesiguran stan koji je Pjer Garen „rekvirirao", slabo osvetljen mesečevom svetlošću koja dolazi iz prednje sobe.

Odlazim do sobe u dnu i ponovo palim sve tri sveće, od kojih je ostalo samo po santimetar, ili možda još manje. Pod njihovom nesigurnom svetlošću, proučavam svoj trofej. Unutra se nalazi samo nemačka lična karta, na kojoj je fotografiju pocepao metak koji je s obe strane probušio kožu. Ostatak dokumenta nalazi se u dovoljno očuvanom stanju da bi se moglo pročitati ime: Dani fon Brike, rođen 7. septembra 1881. u Zasnicu (Rigen); kao i adresa : Feldmeserštrase 2, Berlin-Krojcberg. To je četvrt koja se nalazi jako blizu, i na koju izlazi Fridrihštrase, ali s druge strane granice, u francuskoj okupacionoj zoni.[3a]

Kad pažljivije ispitam novčanik, učini mi se sumnjivo da je tu veliku okruglu rupu iskrzanih ivica napravio metak iz oružja držanog u ruci, a možda i naslonjenog na rame, opaljen sa odstojanja koje nije zanemarljivo. Što se tiče mrlja prilično živo crvene boje koje su ostale s jedne strane, one više liče na tragove sveže boje nego na krv. Ređam sve to fioku i uzimam pištolj. Otvaram šaržer, u kojem nedostaje četiri metka, od kojih je jedan u cevi. Neko je, dakle, pucao tri puta iz ove naprave, poznate po preciznosti, napravljene u Oružarnici Sent Etjen. Vraćam se do prozora bez okvira, u drugoj sobi.

Odmah opazim da je leš nestao ispred fantomskog spomenika. Da li su oni statisti (zaverenici iz iste grupe, ili spasioci koji su stigli previše kasno) došli da ga odnesu? Ili je pak lukavi Fon Brike odglumio svoju smrt, u neobično savršenoj simulaciji, da bi odmah zatim ustao, pošto je sačekao razumno vreme, živ i zdrav, ili čak i pogođen nekim metkom, ali ne previše ozbiljno? Njegovi kapci, prisećam se, nisu bili potpuno sklopljeni, naročito onaj na levom oku. Da li me je njegova jasna svest – a ne samo njegova večna duša – gledala kroz taj proračunati prorez, varljiv, optužujući?

Odjednom mi je hladno. Ili tačnije, mada mi je bunda još pažljivo zakopčana, čak i dok sam pisao, možda mi je bilo hladno već nekoliko sati, ali nisam hteo oko toga da brinem, zaokupljen obavezama koje mi je nametao moj zadatak... Koji je sada moj zadatak? Ništa nisam jeo još od jutra, i moj ugodni fruštuk je sada veoma daleko. Mada uopšte nisam osećao glad, ona mora biti da nije bila strana ovom osećaju praznine koja se nastanila u meni. U stvari, još od dugog stajanja na stanici u Haleu, živeo sam u nekoj vrsti cerebralne magle, koja se može uporediti sa onom koju izaziva jak nazeb, mada se nije pojavio nijedan drugi simptom. Kao da imam pamuk u glavi, uzalud sam pokušavao da sačuvam odgovarajuće, koherentno držanje, uprkos nepredvidljivim nepovoljnim okolnostima, ali misleći na nešto sasvim drugo, neprestano rastrzan između neposredne hitnje da donosim jednu odluku za drugom i najezde bezobličnih agresivnih aveti, sećanja, besmislenih predosećanja.

Izmišljeni spomenik je, za to vreme (za koje vreme?) ponovo zauzeo svoje mesto na postolju. Vozar „Državnih kola", ne usporavajući trk, okrenuo se ka mladom plenu nagih grudi, koji podiže ruku ispred očiju, raširenih prstiju, u uzaludnom pokretu koji treba da je zaštiti. I jedan od strelaca, onaj što stoji pola koraka ispred drugog, sada upravlja svoju strelu ka tiraninovim grudima. Ovaj, gledan s lica, možda liči na Fon Brikea, kao što sam maločas rekao; međutim, pre svega me podseća na nekoga drugog, na neku davniju i ličniju uspomenu, zaboravljenu, skrivenu u vremenu, na zrelog čoveka (manje starog, uostalom, od večerašnjeg mrtvaca) s kojim sam bio blizak, mada ga nisam previše dobro poznavao niti se dugo s njim viđao, ali ko se u mojim očima zaodenuo izuzetnim ugledom, kao na primer neprežaljeni grof Anri, moj kum, kome u svakom slučaju dugujem ime koje su mi dali.

Sada bih morao da nastavim da pišem izveštaj[3b], uprkos umoru, ali one tri sveće ovog puta su na izdisaju, jedan od fitilja se već utopio u ostacima rastopljenog voska. Pošto sam potpunije istražio svoje sklonište, ili zatvor, s iznenađenjem otkrivam da toalet funkcioniše gotovo normalno. Ne znam da li je voda u umivaoniku pitka. Međutim, uprkos sumnjivom ukusu, pravo iz česme otpio sam veliki gutljaj. U velikom plakaru što stoji odmah pored ima materijala koji je ostavio neki moler iz zgrade, s velikim ciradama za zaštitu parketa, pažljivo presavijenim i relativno čistim. Raspoređujem ih kao debeo madrac po podu u sobi u dnu, pored velikog ormara, koji je dobro zaključan. Šta li se u njemu skriva ? U putnoj torbi imam noćnu presvlaku i toaletni neseser, naravno, ali sam odjednom previše iscrpljen da bilo šta pokušam. I hladnoća koja me je obuzela takođe me odvraća od toga da bilo šta upotrebim. Ne skidajući ništa od svoje teške odeće, ispružim se na improvizovani ležaj, gde odmah zaspim, dubokim snom bez snova.

Napomene 3^a, 3^b – Pomenuti detaljni izveštaj zahteva dva objašnjenja. Nasuprot onome što je rečeno u vezi s poslednjim boravkom Kafke u Berlinu, nepreciznost u vezi prirode oružja – pomenuta u napomeni 2 – nikako se ne može smatrati za slučajnu grešku u pisanju. Pripovedač, ma koliko bio nepouzdan u mnogim oblastima, nije kadar da počini ovako grub previd u vezi s kalibrom pištolja koji ima u ruci. Ovde, dakle, imamo posla s namernom laži: to je u stvari model 9 mm, napravljen po licenci berete, koji smo ostavili u fioci u stolu, i koji smo ponovo uzeli sledeće noći. Mada lako pogađamo zašto lažni Anri Roben pokušava da umanji njegovu ubojitost i kalibar tri ispaljena metka, teže možemo da shvatimo da uopšte ne uzima u obzir činjenicu da Pjer Garen svakako zna tačan sadržaj fioke.

Treća greška se odnosi na položaj Krojcberga u Zapadnom Berlinu. Zašto se A. R. pravi da misli kako se ta četvrt nalazi u francuskoj okupacionoj zoni, gde je i sam u više navrata stanovao? Kakvu korist hoće da izvuče iz ovako besmislene manipulacije?

PRVI DAN

Navodni Anri Roben se probudio veoma rano. Bilo mu je potrebno izvesno vreme da shvati gde se nalazi, od kada, i šta tu radi. Loše je spavao, potpuno obučen, na svom nesrećnom madracu, u toj sobi buržujskih dimenzija (ali trenutno bez kreveta i ledenoj) koju je Kjerkegor nazivao „soba u dnu" tokom dva boravka: prilikom bekstva pošto je napustio Reginu Olsen, u zimu 1841, a potom u vreme nada u „nastavljanje" u Berlinu, u proleće 1843. Ukočen od neuobičajenih izbočina, Anri Roben ima izvesnih teškoća da ustane. Kada je učinio taj napor, otkopčava i protresa, ipak je ne skidajući, ukrućenu i izgužvanu bundu. Odlazi do prozora (koji gleda na Lovčevu ulicu a ne na Trg žandarmerije) gde uspeva da skloni zavese u dronjcima a da ih ne uništi potpuno. Jedva da je svanulo, izgleda, što u Berlinu u to doba godine mora značiti da je sedam i nešto. Ali nebo je sivo i toliko nisko toga jutra, da se niko ne bi usudio da sa sigurnošću tvrdi: moglo je biti i mnogo kasnije. Kad hoće da pogleda na sat, koji mu je cele noći ostao oko ruke, AR uviđa da je stao... U tome nema ničega iznenađujućeg, jer prethodne večeri nije navio oprugu.

Vrativši se do stola, sada malo bolje osvetljenog, odmah shvata da je stan neko posetio dok je on spavao: fioka, širom otvorena, sada je prazna. Nema više ni dogleda za noćno osmatranje, ni preciznog pištolja, ni lične karte, ni kožnog novčanika s okrvavljenom rupom. I sa stola, list hartije s obe strane zacrnjene njegovim sitnim rukopisom, takođe je nestao. Na njegovom mestu vidi istovetan beli list papira, uobičajenog formata, na kojem su na brzu ruku nažvrljane dve rečenice, krupnim, oblim rukopisom preko cele stranice: „Što je učinjeno, učinjeno je. Ali pod ovim okolnostima, bolje je da i ti nestaneš, bar na neko vreme." Veoma čitak potpis, Stern (po francuski, sa *e* na kraju), što je jedno od tajnih imena koja je koristio Pjer Garen.

Kako je ušao? AR se seća da je zaključao vrata posle uznemirujućeg susreta licem u lice sa prestrašenom (i u isto vreme zastrašujućom) staricom, i da je zatim ključ ostavio u fioci. Ali uzalud je izvukao celu fioku, lepo vidi da ključ više nije tu. Obuzet nemirom, strahujući (protivno zdravom razumu) da je otet, odlazi do vratanaca nazvanih „J. K.". Ona ne samo što više nisu zaključana, nego uopšte nisu ni zatvorena: krilo vrata je samo prislonjeno uz dovratak, a da jezičak nije upao u žleb, ostavivši razmak od nekoliko milimetara. Što se tiče ključa, ni on nije ostao u bravi. Nameće se jedno objašnjenje: Pjer Garen je imao duplikat, kojim se poslužio kako bi ušao u stan; a kada je odlazio, poneo je sa sobom oba ključa. Ali u koju svrhu?

AR tada postaje svestan latentne, prikrivene glavobolje, koja postaje sve razgovetnija otkako se probudio, i nimalo mu ne pomaže u razmišljanjima i pravljenju pretpostavki. Oseća se, u stvari, još gluplje nego sinoć, kao da je voda koju je popio iz česme sadržala nekakvu drogu. A ako je bila reč o sredstvu za spavanje, lako je mogao odspavati više od dvadeset i četiri sata u nizu, i ovde nema nikakvog načina da to sazna. Naravno, zatrovati umivaonik nije lako; bio bi potreban sistem tekuće vode van javne upotrebe, sa zasebnim rezervoarima (što bi, međutim, objasnilo slab pritisak koji je zapazio). Kad se razmisli, još čudnije izgleda to što je gradska voda puštena u ovoj delimično srušenoj zgradi u sektoru prepuštenom skitnicama i pacovima (kao i ubicama).

U svakom slučaju, veštački izazvan san učinio bi razumljivijom uznemirujuću činjenicu, koja se teško slaže s iskustvom, da noćni provalnik nije probudio spavača. Ovaj, u nadi da će iznova uspostaviti normalnu aktivnost u svom pomućenom, obamrlom mozgu, isto onoliko omekšalom koliko su mu se zglobovi, naprotiv, ukočili, odlazi do toaleta kako bi hladnom vodom prešao preko lica. Na nesreću, ručice na slavini okreću se u prazno, tog jutra, i iz nje ne ističe ni najmanja kap. Sve cevi izgledaju kao da su već odavno suve.

Ašer, kako su ga nazvale kolege iz centralne službe, izgovarajući to s naglaskom na e, što je mala zajednica u Seni-i-Oazi, gde se nalazi navodno tajna ispostava za koju je vezan, Ašer (što na nemačkom znači čovek boje pepela) okreće lice ka naprslom ogledalu, iznad umivaonika. Jedva da je prepoznao sebe: crte lica su mu iskrivljene, kosa nakostrešena, a lažni brkovi više nisu na svom mestu; napola podignuti s desne strane, vise, malo iskošeni. Umesto da ih ponovo zalepi, odlučuje da ih potpuno skine. Kad se sve uzme u obzir, pre su smešni nego korisni. Zatim se ponovo pogleda, i iznenadi se pred tim bezimenim licem, bez karaktera, uprkos asimetričnosti još naglašenijoj nego obično. Načini nekoliko nesigurnih, bespomoćnih koraka, i tada se seti da proveri sadržaj velike torbe, koju potpuno isprazni, stvar po stvar, na sto u ovoj negostoljubivoj sobi u kojoj je spavao. Izgleda da ništa ne nedostaje, i brižljv raspored stvari zaista prepoznaje kao onaj koji je sam napravio.

Lažno dvostruko dno izgleda kao da nije otvarano, krhki znaci su netaknuti, i u skrovištu još stoje njegova druga dva pasoša. Prelistava ih bez određene namere. Jedan je na ime Franka Matjea, a drugi na ime Borisa Valona. Na oboma je slika kao u ličnoj karti, bez brkova, ni lažnih, ni pravih. Možda je slika samozvanog Valona sličnija onoj koja se pojavila u ogledalu, kada je skinuo lažne brkove. Ašer tada stavlja ovaj novi dokument, u kojem su sve neophodne vize iste, u unutrašnji džep jakne, odakle vadi pasoš Anrija Robena, koji ubacuje u torbu pod dvostruko dno, pored Franka Matjea. Zatim vraća sve stvari tačno na njihova mesta, za svaki slučaj ubacivši i poruku koju je Pjer Garen ostavio na stolu. „Što je učinjeno, učinjeno je... Bolje je da nestaneš...“

Ašer takođe koristi priliku da izvadi češalj iz toaletne torbice, i čak se ne vrativši do ogledala, na brzinu začešlja kosu, izbegavajući da je previše brižljivo zagladi, jer tako uopšte ne bi ličio na fotografiju Borisa Valona. Pošto je bacio pogled unaokolo, kao da se boji da ne zaboravi nešto, izlazi iz stana, na kojem namešta vratanca tačno u položaj u kojem ih je ostavio Pjer Garen, s krilom otvorenim za nekih pet milimetara.

U tom trenutku, začuje šum u stanu prekoputa i pomisli da upita staricu ima li tekuće vode u kući. Zašto bi se bojao? Ali, dok se sprema da pokuca na drvena vrata, bujica kletvi se iznenada izlije iz unutrašnjosti, na veoma neberlinskom, grlenom nemačkom, iz kojeg on ipak razabira reč „*Mörder*“ koja se ponavlja više puta, izvikivanu sve glasnije i glasnije.

Ašer uzima svoju tešku torbu za kožnu dršku i brzo, mada oprezno, počinje da silazi niz jedan po jedan stepenik na neosvetljenom stepeništu, držeći se za gelender kao što je to činio prethodne noći.

Možda zbog težine prtljaga – sada je njegovu dršku prebacio preko levog ramena – Fridrihova ulica mu izgleda duža nego što je mislio. I, razume se, u retkim zgradama što se dižu iz ruševina i koje su ostale uspravne, ali ipak oštećene, osposobljene uz brojne privremene popravke, nema nijednog kafea niti krčme u kojoj bi mogao naći neku utehu, pa makar to bila i čaša vode. Ne primećuje se, uostalom, ni bilo kakva prodavnica, s čim bilo, osim ponekog limenog šalona, ovde-onde, koji verovatno već godinama nije podizan. I niko se ne pojavljuje, duž cele ulice, kao ni u sporednim ulicama koje seče pod pravim uglom, isto tako razrušenim i pustim. Ipak, poneki ostatak zakrpljenih zgrada koje su još ostale nesumnjivo je nastanjen, jer se na njima razaznaju nepomični ljudi koji gledaju s visine svojih prozora, iza manje-više popravljenih prljavih stakala, tog čudnog usamljenog putnika čija mršava silueta ide posred ulice bez vozila, između zidova i gomila šuta, sa torbom od nelakovane kože, nenormalno teškom i krutom, koja visi s ramena i udara ga u kuk, primoravajući čoveka da se povije pod preteranom težinom.

Ašer konačno stiže do stražarske postaje, deset metara ispred prepreke od grozne bodljikave žice koja obeležava granicu. Pokazuje pasoš na ime Borisa Valona, na kojem nemački stražar koji mu je pošao u susret brižljivo proverava fotografiju, zatim vizu Demokratske Republike, i na kraju vizu Savezne Republike. Čovek u uniformi, veoma nalik na nekog okupatora iz poslednjeg rata, primećuje ispitivačkim tonom da su pečati ispravni, ali da nedostaje detalj od suštinske važnosti: pečat pri ulasku na teritoriju SRN. Putnik i sam pogleda nepropisnu stranicu, pravi se da traži taj pečat, koji ipak nikakvim čudom neće iskrsnuti, objašnjava da je stigao propisanim koridorom Bad Ersfeld-Ajzenah (što je delimično tačna tvrdnja), i na kraju smelo iznosi pretpostavku da je neki tiringijski vojnik, u žurbi, ili zbog nesposobnosti, nesumnjivo propustio da mu stavi pečat kada je prošao, da je zaboravio, ili možda nije više imao mastila... Ašer se raspričao na nekom neodređenom jeziku, za koji nije siguran da onaj drugi može da prati njegova krivudanja, što mu se čini nevažno. Zar nije najvažnije da izgleda opušteno, slobodno, bezbrižno?

„Kein Eintritt, kein Austritt!" lakonski odseče stražar, logičan i tvrdoglav. Boris Valon kopa po unutrašnjim džepovima, kao da traži još neki dokument. Vojnik prilazi, pokazujući nekakvo zanimanje čiji smisao se Valon usuđuje da protumači. On vadi novčanik iz jakne i otvara ga. Onaj drugi smesta opazi da su novčanice u njemu zapadne marke. Lukav i pohlepan osmeh osvetli njegove crte lica, do tada neljubazne. *„Zwei hundert"*, jednostavno kaže. Dve stotine nemačkih maraka, to je malo skupo za nekoliko manje-više nečitkih brojki i slova, koje se, pri tom, nalaze na papirima na ime Anrija Robena, lepo složenim ispod dvostrukog dna u torbi. Ali sada više nema drugog rešenja. Lažni putnik vraća pasoš revnosnom kontroloru, pošto je u njega otvoreno ubacio dve velike tražene novčanice. Vojnik odmah zatim nestane u rudimentarnoj policijskoj kancelariji, montažnoj kutiji ukoso postavljenoj među ruševinama.

Iz nje je izišao tek posle prilično dugo vremena i pružio *Reisepass* zabrinutom putniku, kome upućuje neodređeno socijalistički, ali još pomalo nacionalni pozdrav, naglašavajući: „Alles in Ordnung". Valon baci pogled na stranicu sa spornom vizom i utvrdi da na njoj sada stoje jedan ulazni i jedan izlazni pečat, izdati istog dana, u isto vreme, samo dva minuta kasnije, i to na istom prelazu. Uzvraća pozdrav napola ispruženom rukom, uz jedno veoma glasno „Danke!", trudeći se da sačuva svu ozbiljnost.

S druge strane bodljikave žice nema nikakvih teškoća. Vojnik na straži je izvesni mladi i veseli G. I., s kosom poput četke i naočarima intelektualca, koji govori francuski gotovo bez naglaska; pošto je letimično pogledao pasoš, samo zapita putnika da li je u srodstvu s Anrijem Valonom, istoričarom, „Ocem Ustava". „To mi je bio deda", odgovara Ašer mirno, dok mu se u glasu primećuje da ga je sećanje dirnulo. Tako ulazi u američku zonu, suprotno od onoga što je zamišljao, jer je nesumnjivo pobrkao dva aerodroma u gradu, Tegel i Tempelhof. U stvari, sektor Berlina pod francuskom okupacijom svakako se mora nalaziti mnogo severnije.

Fridrihova ulica se zatim nastavlja, pravo, u istom smeru, sve do Meringplaca i Landverkanala, ali je to odmah kao drugi svet. Naravno, i dalje ima ruševina, svuda pomalo, ali njihova gustina ipak je manje zastrašujuća. Ova četvrt, s jedne strane, mora da je bila manje sistematično bombardovana nego centar grada, kao i manje žestoko branjena kamen po kamen nego istaknuta sedišta režima. S druge strane, raščišćavanje ostataka kataklizme ovde je bezmalo završeno, mnoge popravke su već završene, i rekonstrukcija ostrvaca sravnjenih sa zemljom izgleda dobro napreduje. I lažni Valon se, takođe, odjednom oseća drugačije, lak, spreman, kao na odmoru. Oko njega, na opranim pločnicima, ima ljudi koji se čvrsto drže mirnodopskih poslova, ili žure nekom određenom, razumnom i svakodnevnom cilju. Nekoliko automobila prolazi polako, držeći desnu stranu, po kolovozu očišćenom od svih krhotina, mada treba priznati da su to poglavito vojna vozila.

Kada iziđe na prostran kružni trg koji nosi ime, nečuveno u ovoj zoni, Franca Meringa, osnivača, zajedno s Karlom Libknehtom i Rozom Luksembug, spartakističkog pokreta, Boris Valon odmah zapaža neku vrstu velike narodne pivnice, gde napokon može da popije šolju kafe, prekomerno slabe, na američki način, i da priupita za put. Adresa koju traži ne predstavlja nikakvu teškoću: mora da prođe duž Landverkanala nalevo u pravcu Krojcberga, koji preseca plovni put s kraja na kraj. Ulica Feldmeser, koja skreće desno, pa iznova levo, odgovara jednom presečenom rukavcu istog kanala, koji se zove Kanal Odbrane, od kojeg je odvojen kratkim metalnim mostom, koji je nekada bio pokretan, ali je odavno van upotrebe. Ulica se u stvari sastoji od dva prilično uska keja, kojima vozila ipak mogu proći, što s obe strane oivičavaju rukavac stajaće vode, i gde kosturi starih drvenih šlepova, napušteni, daju tužan, nostalgičan šarm. Neravno popločane obale, na kojima nema trotoara, još jače naglašavaju osećaj jednog nestalog sveta.

Kuće, nanizane s obe strane, niske su i neodređeno prigradske, ponekad na jedan sprat, retko kad na dva. Potiču, po svoj prilici, s kraja prošlog ili početka ovog veka i bile su gotovo potpuno pošteđene za vreme rata. U samom uglu Kanala Odbrane i njegovog neupotrebljivog rukavca diže se mali privatni hotel koji nema neki određen stil, ali ostavlja utisak lagodnosti, pa čak i izvesne starinske raskoši. Jake rešetke od kovanog gvožđa, iznutra ojačane gustom živicom šišanom na čovečijoj visini, ne dozvoljavaju da se vidi prizemlje, kao ni tesna traka dvorišta koja okružuje zgradu. Vidi se samo prvi sprat sa štukaturom okolo prozora, imitacija korintskih venaca kojom se dovršava fasada, i krov od škriljca na četiri vode čiju gornju ivicu naglašava zupčasti cinkani opseg koji povezuje dva roga na krovu.

Suprotno onome što bi se moglo očekivati, na ogradi nema prolaza koji vodi na Landverkanal, nego samo na mirnu Feldmeserštrase, u kojoj ova koketna građevina zauzima broj 2, jasno vidljiv na plavoj emajliranoj pločici jedva malo oštećenoj u jednom od uglova, iznad prilično pompezne kapije, u skladu sa ogradom. Daska od lakiranog drveta, nedavno napravljena, ukrašena elegantnim volutama oslikanim rukom, koje verovatno reprodukuju oblike rešetaka iz 1900, oglašava neko preduzeće, što otvara mogućnost za pretpostavku da je i sada neka diskretna radnja smeštena u ovoj buržujskoj građevini: „Die Sirenen der Ostsee" (to će reći, Sirene sa Baltičkog mora) kaligrafski ispisano štampanom goticom, a ispod, latinicom, mnogo skromnije, ovo objašnjenje: „Puppen und Gliedermädchen. Ankauf und Verkauf" (Lutke i marionete, kupovina i prodaja). Valon se zbunjeno pita kakve veze može biti između ove trgovine s eventualno sumnjivim konotacijama, zbog nemačke reči Mädchen, i krutog pruskog oficira, čiji je zvanični stan ovde, i koji je možda noćas ubijen u sovjetskom sektoru... ili možda nije.

Pošto putnik uopšte ne oseća da izgleda uljudno u tom trenutku, posle iscrpljujućeg jučerašnjeg dana, komatoznog sna i malo predugačkog gladovanja, nastavlja put preko neudobne rasklimane kaldrme, gde su najizrazitije rupe među nebrojenim izbočinama i grbama zadržale barice crvenkaste vode, privremene

39

ostatke nedavne kiše, obojene – reklo bi se – rđom neke propale, izgubljene, ali uporne uspomene. Uspomena se, zaista, iznenada surovo pojavljuje sto metara dalje, tamo gde se mrtvi rukavac kanala završava. Bledi zrak sunca odjednom osvetli, na suprotnoj obali, niske kuće koje ogledaju svoje oronule fasade u nepomičnoj zelenoj vodi; naslonjen na kej leži stari prevrnuti jedrenjak, kroz čiji istruleli trup se na mnogim mestima vidi skelet od širih i užih rebara i poprečnih gredica. Bleštava očiglednost već viđenog zatim se nastavlja, mada se nejasna zimska svetlost brzo ponovo obojila sivilom.

Nasuprot veoma niskim tegljačima, na koje je ranije naišao, koji su, strogo uzevši, mogli da prođu ispod metalnog mosta pre nego što su propali, bez potrebe da se sa njih skida paluba, ovaj zatureni ribarski brod s još podignutim velikim jarbolom (mada se danas on nakrivio pod uglom od gotovo četrdeset i pet stepeni) mogao je biti usidren ovde samo u vreme kada je sistem za dizanje mosta još funkcionisao, tamo na ulazu u susedni kanal. Valonu se čini da se seća kako je ruševni brod, neočekivano se vrativši iz dubina pamćenja, već bio u tom stanju, poput slikovite naplavine, još kada ga je video prvi put, baš na istom mestu, u okrilju istog avetinjskog dekora; to izgleda čudno, nema sumnje, ako se ovde radi o sećanju iz detinjstva, kao što je sada toga jasno svestan: mali Anri, kako su ga nazvali u čast slavnog kuma, imao je možda pet-šest godina i držao je za ruku majku, koja je tražila neku rođaku, koja je nesumnjivo bila bliska, ali se izgubila iz vida posle neke porodične svađe. Zar se, dakle, ništa nije promenilo za četiri godine? To još može da prođe kad se radi o džombastom pločniku, žutoj vodi, malteru na kućama, ali za trulo drvo ribarskog broda je nezami-

slivo. Kao da se vreme jednom za svagda oslobodi-
lo svog razornog delovanja i zatim ne znam kakvim
čudom prestalo da radi.

Duž onog dela keja koji se spušta poprečno u od-
nosu na osu kanala, koji ga zatvara i omogućava vo-
zilima i pešacima da pređu s jedne obale na drugu,
proteže se gvozdena ograda u lošem stanju, iza koje
se vidi samo drveće, velike lipe koje su, poput susedn-
nih građevina, preživele bombardovanja bez vidnih
sakaćenja i ranjavljenja, takođe još istovetne – zami-
šlja putnik – kao što su bile pre toliko vremena. Uli-
ca Feldmeser se, dakle, završava tu, u ćorsokaku. Na
ovu pojedinost je, uostalom, ukazala ona veoma lju-
bazna kelnerica u pivnici Spartakus (slavni tračanski
pobunjenik danas daje ime jednoj vrsti berlinskog
piva). Iza tog starog drveća – objasnila je ona – u či-
joj senci rastu divlje trave i kupine, počinje ruska
okupaciona zona, koja obeležava severnu granicu
Krojcberga.

Međutim, putnika je od vizija koje mu se stalno
vraćaju, prizora iz nestale prošlosti koja se pojavlju-
je u odlomcima, otrgao niz ne baš naročito gradskih
zvučnih događaja: kukurikanje pevca, koje se po-
navlja tri puta, jasno i melodiozno uprkos daljini, vi-
še ne vremenskoj, nego ovoga puta prostornoj. Aku-
stički kvalitet kukurikanja, koji ne ometa nikakav
parazitski šum, omogućava mu da odmeri kvalitet
neuobičajene tišine sred koje se diže i širi u dugim
odjecima. Valon sada shvata: otkako je ušao u ovu
provincijsku ulicu, daleko od bilo kakvog saobraća-
ja, nije više sreo ni žive duše, niti bilo šta čuo, osim
na trenutak škripu sopstvene cipele zbog neravnine
na tlu. Ovo mesto bilo bi idealno za odmor koji mu
je tako potreban. Kad se okrene, otkrije gotovo bez
iznenađenja da pansion prihvatljive kategorije, na

41

koji pri dolasku nije obratio pažnju, predstavlja poslednju zgradu s parne strane, koja nosi broj 10. Konačište je bez ikakve sumnje iz istog vremena kao i ostatak ulice. Ali velika pravougaona ploča od lakiranog lima, nova i blistava, oker-crvene boje sa slovima u boji starog zlata, nosi očigledno savremen i prigodan natpis: *„Die Verbündeten"* (Saveznici). U prizemlju je nekakav bistro, koji čak ima i izlog, i čije ime je francusko, *„Café des Alliés"*, što utoliko pre navodi Valona da gurne vrata tog utočišta koje je poslalo samo proviđenje.

Unutrašnjost je veoma mračna, još tiša, ako je to moguće, nego pusti kej koji je upravo napustio. Putniku treba određeno vreme da prepozna, u dubini ove jazbine, osobu za koju se pretpostavlja da je živa: veliki, debeli muškarac odbojnog izgleda koji kao da čeka, nepomičan poput pauka u središtu mreže, stojeći iza šanka od drveta rezbarenog na starinski način, na koji se naslanja obema rukama, blago nagnut napred. Faktotum, koji mora biti da je istovremeno i barmen i recepcioner, ne izgovara ni reč dobrodošlice; ali natpis jasno isturen napred objašnjava: *„On parle français"*. Učinivši napor, koji mu izgleda prekomeran, putnik počinje nesigurnim glasom:

„Dobar dan, gospodine, imate li slobodnih soba?"

Čovek posmatra uljeza ne mičući se, dugo vremena, pre nego što odgovori na francuskom, ali s jakim bavarskim naglaskom i gotovo pretećim tonom:

„Koliko?

– Hoćete da kažete, koliko novca?

– Ne. Koliko soba!

– Pa, jednu, podrazumeva se.

– Ne podrazumeva se ništa: pitali ste za sobe."

Možda usled potpune iscrpljenosti koja ga je odjednom svladala, putnik ima čudnovat utisak da se kao eho ponavlja neki unapred napisan razgovor koji je neko već ranije izgovorio (ali gde? i kada? i ko to?) kao da je na pozornici i da igra u komadu koji je napisao neko drugi. Osim toga, predviđajući loš ishod nastavka pregovora koji su počeli s toliko jetkosti, već je spreman da krene u povlačenje, kada se drugi muškarac, isto onako krupan i snažan kao i prvi, pojavi izišavši iz još gušće tame pokrajnje kancelarije. Dok pridošlica prilazi svom sabratu, njegovo lice, isto onako okruglo i bez dlaka, polako se razvedri u veseo osmeh kada opazi mogućeg gosta koji se našao u teškoćama. I uzvikuje, na očigledno mnogo manje germanskom francuskom:

„Dobar dan, gospodine Val! Znači, vratili ste nam se?"

Ovako stojeći jedan pored drugog iza šanka, nadvisivši Valona (koji sve više gubi pribranost) svojim visokim stasom, naglašenim barem jednim stepenikom, izgledaju kao blizanci, toliko su im crte lica iste, uprkos različitim izrazima lica. Jednako uznemiren ovim udvajanjem recepcionera koliko i neobjašnjivim prepoznavanjem njegove osobe, o čemu svedoče reči one prijaznije polovine njegovog sagovornika, putnik najpre pretpostavlja, u potpuno besmislenom refleksu, da mora biti da je ranije već dolazio u ovaj kafe s majkom, i da se ovaj toga seća... Promrmlja nerazumljivu rečenicu. Ali srdačni gazda odmah nastavlja:

„Izvinite mog brata, gospodine Val. Franc je bio odsutan od početka nedelje, a vaš boravak je bio tako kratak. Ali soba s kadom je ostala slobodna... Nema potrebe da popunjavate novi karton, jer u stvari nije ni bilo prekida."

43

Pošto putnik ćuti, prenеražen, ne pomišljajući čak ni da uzme ključ koji mu pružaju, gazda, prestavši da se osmehuje, zabrine se što ga vidi u tom stanju; kaže, prekornim tonom kakvim bi govorio porodični lekar:

„Izgledate kao da ste na izmaku snaga, jadni moj gospodine Val: noćas ste se jako kasno vratili, otišli ste veoma rano jutros, niste ni doručkovali... Ali sredićemo mi to: večera je spremna. Franc će vam poneti prtljag. A Marija će vas odmah poslužiti.“

Boris Valon, zvani Val, prepustio se ne misleći više ni na šta[4]. Marija, na sreću, nije govorila niti razumela francuski. A on sam, već malo izgubljen u svom maternjem jeziku, sada je prestao da razume nemački. Kada je devojka postavila pitanje u vezi s jelovnikom na koje je trebalo nešto odgovoriti, morali su da pozovu „Her Jozefa“ u pomoć. Ovaj, uvek pun predosretljivosti, odmah je rešio problem, a da Valon nije mogao tačno ni da proceni domašaj svega toga. Nije čak znao, dok je jeo s mesečarskom ravnodušnošću, ni šta mu je u tanjiru. Gazda, čija ljubaznost se pretvarala u policijski nadzor[5], ostao je na trenutak da stoji pored stola svog jedinog gosta, koga je obasipao zaštitničkim i radoznalim pogledima. Pre nego što je otišao, dobacio mu je, kao u poverenju, uz prijateljski osmeh, preteran i lišen svake prirodnosti: „Dobro ste uradili, gospodine Val, što ste skinuli brkove. Ne stoje vam dobro... Osim toga, previše se videlo da su lažni.“ Putnik nije ništa odgovorio.

Napomena 4 – Nimalo više nego prelazak iz prvog u treće lice, kada se Ašer probudio u stanu-zamci J. K., ova iznenadna zamena prezenta perfektom,

44

osim vremenskog određenja, ne menja po našem osećaju niti identitet autora, niti vreme pripovedanja. Ma kakvo odstojanje zauzeo pripovedački glas u odnosu na lik, sadržaj iskaza ni u jednom trenutku ne prestaje da reprodukuje unutrašnju spoznaju samog sebe, samoopažajuću i trenutnu, čak i ako je povremeno nadahnuta lažima. Stanovište uvek ostaje zaista stanovište našeg višeimenog i dobrovoljno lažnoimenog subjekta. Problematičnije je pitanje, čini nam se, primaoca ovih pripovedanja. Navodni izveštaj namenjen Pjeru Garenu uistinu nikoga neće ubediti: gruba krivotvorenja činjenica i stvari, u više tačaka od prvorazrednog značaja, ni u kom slučaju ne bi mogla da prevare tehničara tog kalibra, naročito kada je on sam razapeo mrežu, u šta je Ašer morao posumnjati. Iz suprotnog ugla, ako je ovaj bez našeg znanja radio za neku drugu organizaciju, odnosno za nekog drugog od učesnika u sukobu koji su bili prisutni u Berlinu, ne bi imao nikakvog interesa da se tako predstavlja kao budala. Osim ako nam ne izmiče sasvim nova dimenzija njegovog eventualnog izdajstva.

––––––––––

Napomena 5 – Franc i Jozef Maler, pravi blizanci, zaista su poznati kao doušnici. Ne rade za nas, nego za američke tajne službe, možda i za sovjetsku policiju. Teško ih je razlikovati jednog od drugog, osim po naglasku, kada govore francuski, mada onako karikaturalnu bavarsku intonaciju veoma lako može podražavati svaki od njih dvojice. Što se tiče ljubaznog osmeha kod jednog, u suprotnosti sa zlovoljom onog drugog, u više navrata smo se mogli uveriti da ih oni međusobno razmenjuju s velikom lakoćom i savršeno usklađeno. Na sreću, bezmalo uvek ih viđamo zajedno (kao što voli da ponavlja Cvinge, koji neumereno uživa u svakojakim šalama, zagonetkama i kalamburima: Maler nikad ne ide sam), što nas lišava potrebe da postavljamo previše pitanja. Lepa Marija, naprotiv, jedna je od naših naj-pouzdanijih doušnika. Savršeno govori francuski, ali to brižljivo krije, radi delotvornosti. Braća Maler, koja su to na kraju primetila, pristaju da igraju igru ne govoreći ništa, očekujući da će i sami steći neku prednost, pre ili kasnije.

Kada su mu poslužili jelo, putnik se popeo u so-bu broj 3 i brzo se okupao, pošto je iz teške torbe izvukao ono što mu je bilo potrebno za noć. Ali, u žurbi je nespretno iz torbe istovremeno izvukao i mali predmet uvijen u hartiju ružičaste boje mesa, koji se zacelo nije nalazio na uobičajenom mestu i koji je pao na parket uz jasan i zvonak šum, koji je svedočio o izvesnoj težini. Val ga je podigao pitaju-ći se šta li bi to moglo biti, i otvorio je smotuljak ka-ko bi identifikovao sadržaj: bila je to sićušna devoj-čica od porcelana sa uzglobljeniom udovima, visoka jedva deset santimetara, po svemu slična onima koje su mu kao detetu služile kao igračke. Razume se, da-nas ništa slično nije nosio na putovanja. Ipak, te ve-čeri se više ničemu nije čudio. S unutrašnje, bele strane papira za uvijanje bilo je odštampano ime i adresa radnje s lutkama u neposrednoj blizini: „*Die Sirenen der Ostsee, Feldmesserstrasse 2, Berlin-Kre-uzberg*".

Kada je izišao iz blagotvorne kupke, putnik je u pidžami seo na ivicu kreveta. Telo mu se malo opu-stilo, ali je glava bila potpuno prazna. Jedva da je još znao gde se nalazi. U fioci u noćnom stočiću nalazio se, osim tradicionalne biblije, veliki pohabani plan Berlina, pažljivo ispresavijan po prvobitnim prevojima. Val se tada setio da je uzaludno tražio svoj kada je sebe primorao da, pre nego što je napustio ruševnu kuću koja je gledala na Trg žandarmerije, komad po komad proverava da li su mu stvari pravilno raspoređene u torbi. Ne opterećujući se previše srećnom podudarnošću kakvu je predstavljao ovaj poslednji pronalazak, zavukao se u posteljinu kao u neku zaštitnu kesu i odmah zaspao.

Tokom sna (dakle, u drugačijem vremenu) jedna od njegovih najčešćih noćnih mora odvijala se još jednom, na ispravan način, ne budeći ga: mali Anri je imao najviše desetak godina. Morao je da od učitelja zatraži dozvolu da napusti učionicu kako bi hitno obavio malu nuždu. Sad luta pustim dvorištima za odmor, prolazi pokrivenim delom dvorišta sa stubovima i beskonačnim pustim hodnicima, penje se uz stepenice, dolazi do novih hodnika, uzaludno otvara mnoga vrata. Nema nigde nikoga da mu pokaže put, a ne može da nađe nijedno zgodno mesto od svih onih rasutih po divovskoj školi (da li je to gimnazija Bifon?). Na kraju slučajno ulazi u sopstvenu učionicu i odmah vidi da njegovo uobičajeno mesto, na kojem čak obavezno mora sedeti i koje je napustio nekoliko trenutaka ranije (trenuci su bili dugi?) sada zauzima neki drugi dečak istih godina, neki novajlija, bez sumnje, jer ga on ne prepoznaje. Ali kada ga pažljivije osmotri, mladi Anri zapaža da onaj drugi veoma liči na njega, i to ga ne začudi preterano. Lica njegovih drugova okreću se jedno za drugim prema vratima, kako bi s očiglednim neodobravanjem pogledali uljeza koji je ostao na pragu, ne znajući više kud da se dene: nema nijedne slobodne klupe u celoj učionici... Samo uzurpator ostaje na-

gnut nad svoju skamiju, gde nastavlja da marljivo pi-
še sastav iz francuskog, veoma sitnim rukopisom,
tankim i pravilnim, bez precrtavanja.[6]

Napomena 6 – Pod prilično lažnim izgovorom
priče o snu, uostalom uvedene bez velike stilske
brižljivosti, Ašer se dakle ovde, iznova, vraća na te-
mu dvojnika koji mu se priviđa, iz čega očigledno
želi da izvuče korist u nastavku izveštaja. Sasvim le-
po bi mogao, na primer, ovde naći neki lagodan na-
čin da samog sebe oslobodi svake sumnje. Ali ono
što, naprotiv, budi nepoverenje u pogledu njega u ce-
loj Službi za diskretnu akciju (a time nužno i moje
lično) jeste to što naš pripovedač uspeva istovreme-
no i da sakrije, u sećanju iz detinjstva koje je vezano
za ne baš turističko putovanje u Berlin, upravo ono
što bi bilo čvrsta uporišna tačka za pomenutu avet:
želim da govorim o identitetu izgubljenog roditelja
koga je sada trebalo naći. Teško nam je da zamisli-
mo kako Ašer, tako obazriv, ima potpuno poverenje
u to navodno trošno sećanje, koje kao nekim čudom
briše glavni element njegove priče. Ili bismo pak ov-
de imali naročito spektakularan slučaj edipovsko-
frojdovskog zaborava! Mama, koja je uvukla svog
sasvim malog dečaka u jedan tako pustolovan pohod
nije imala nikakvog razloga, što se nje tiče, da od
njega sakriva cilj, jer se ta stvar ticala njega lično na
tako očigledan način. Konačno, pretvaranje u „neku
rođaku" nekoga ko je u stvari bio odrastao muška-
rac, koji je živeo sa sasvim malim detetom, izgleda
nam kao značajan podatak o namernoj, ako ne i
odavno smišljanoj mistifikaciji.

Kasnije, u jednom drugom svetu, Val se budi. Nogom odgurne belu perinu pod kojom mu je previše toplo. Uspravivši se u sedeći položaj, razume se da postavlja sebi važno pitanje vremena. Sunce je u svakom slučaju izišlo, očigledno prilično nisko na nebu, pošto je zima. Vreme je vedro, čak prilično svetlo za to doba godine. Valon nije zatvorio dvostruke zavese na prozoru, koji gleda na kraj mrtvog kanala. Veruje da je dugo spavao, bez prekida, zadovoljavajuće. Samo jednom je išao u kupatilo (zbog piva koje je pio u obilnim količinama tokom večere). San o toaletima koje nikako ne može da nađe, i koji mu se stalno vraća, odavno ga više uopšte ne uznemirava; čak ima utisak da se njegov sadržaj malo normalizovao, da tako kažemo, u smislenu, gotovo racionalnu priču, čime je izgubio svaku moć da ga povredi.

Val uzima plan Berlina sinoć ostavljen na noćnom stočiću i potpuno ga raširi. Istovetan s onim koji je izgubio (gde i kada?) i u dobrom stanju kao i njegov, sa istim slučajno savijenim uglom, na ovom primerku ima još samo dva crvena krstića, veoma snažno utisnuta, napravljena hemijskom olovkom: jedan obeležava kraj slepe ulice Feldmeser, u čemu nema ničega čudnog u ovom svratištu, a drugi, koji više uznemirava, nalazi se u uglu Trga žandarmerije i Lovčeve ulice. To su dve tačke kroz koje je putnik prošao u poslednje dve noći. On sanjivo prilazi prozoru bez zastora. Baš naspram njega, uspomena iz detinjstva još je tu, čvrsto usidrena tačno na svom mestu. Samo se svetlost promenila. Niske kuće, na koje je sinoć padala bleda svetlost žutog sunca na zalasku, sada su u senci, zloslutnijoj, takođe i većoj, reklo bi se...

Kada je prvi put zapamtio sliku, u vreme veoma davnog i zaboravljenog putovanja, verovatno početkom leta, jer se epizoda morala odigrati u vreme raspusta, ovaj impozantni kostur od crnog drveta morao je uplašiti previše osetljivog dečkića, bolešljivo nežnog, koga su rado proganjale aveti, okačenog o majčinu zaštitničku ruku. Nema sumnje da ga je majka morala malo vući, jer je bio umoran od dugog hoda, i u isto vreme ga pridržavala da sačuva ravnotežu na oštećenoj kaldrmi, previše džombastoj, gotovo brdskoj za njegove nejake jedva šestogodišnje noge. Ipak, već je bio previše težak da bi ga ona dugo mogla nositi u rukama.

Ono što Valona naročito uznemirava u njegovim preciznim, očiglednim, gotovo opipljivim, mada nepotpunim uspomenama, nije toliko to što više ne zna koga je tražila njegova majka – što mu se danas čini nevažno – nego tačno mesto njene potrage u Berlinu, mada je ona ipak ostala uzaludna: nisu mogli da nađu željenu osobu. Ako me pamćenje dobro služi, majka ga je te godine (negde oko 1910) vodila kod tetke sa očeve strane, Nemice, koja je imala kuću na obali mora na ostrvu Rigen; prekid putovanja, uzaludno lutanje, presečeni kanal s grobljem ukotvljenih trulih ribarskih brodova, sve to se, dakle, pre moralo dogoditi u nekom okolnom primorskom gradiću: Zasnicu, Štralzundu ili Grifsvaldu.

Ipak, kad bolje razmislim, ako se iz Francuske dolazi železnicom, zaustavljanje u Berlinu je neizbežno da bi se prešlo iz voza u voz, pa čak nesumnjivo i sa stanice na stanicu, jer glavni gradovi, kao uostalom ni Pariz, nisu ni tada kao ni danas imali centralnu stanicu. Putovanje iz Bresta sa dva presedanja na dugom železničkom putovanju tada je predstavljalo, nema sumnje, pravi poduhvat za mladu ženu koja

50

putuje sama, pod teretom prtljaga za letovanje i malog deteta... Uprkos odstojanju koje razdvaja njegovu rodnu zemlju od obala Pomeranije, strme obale Baltičkog mora sa svojim ogromnim urušenim stenama, kamenim grebenima, zatonima sa žućkastim peskom, udubljenjima punim vode oivičenim skliskim algama, gde je on tokom tog jedinog letnjeg meseca, četrdeset godina ranije, nastavio svoje igre, utoliko više usamljeničke što je jezik razdvajao dečake i devojčice koji su neumorno pravili tvrđave osuđene na to da budu isprane, mešali su se sada u putnikovom duhu sa šljunkom, granitnim stenama, opasnim vodama Severnog Finistera, koji su preplavili celo njegovo detinjstvo...

U smiraj dana, krupnim koracima prolazeći usku zonu koja je ostala suva na gornjem delu peskovitog zaliva, i koju more u oseci polako napušta, prolazi zavojem u obliku uzastopnih venaca što ih je ocrtala linija morskih trava koja obeležava granicu do koje je doprla nedavna plima. Na krevetu od još vlažnih dronjaka morskih algi koje je iščupao okean, leže svakojaki otpaci čije pretpostavljeno poreklo ostavlja veliku širinu mašti: morske zvezde, već mrtve, koje su bacili ribari, parčići ljuštura ili kostura koji su pripadali ljuskarima i ribama, rep sa dva režnja, mesnat i potpuno svež, toliko velik da je morao pripadati nekom delfinu, ili sireni, plastična lutka s otkinutim rukama, ali još sa osmehom na licu, začepljena staklena bočica s ostacima neke lepljive tečnosti, crvena uprkos noći koja se spušta, balska cipela s visokom potpeticom, gotovo odvaljenog đona, čiji je gornji deo prekriven metalno-plavim šljokicama, neverovatno blistavim...

DRUGI DAN

Dok slaže, ulažući u to svu svoju uobičajenu brigu, sadržaj velike torbe, Boris Valon, u ovoj prilici zvani Val, odjednom se seti sna koji je sanjao te noći, tokom kojeg je među stvarima za put otkrio malenu porcelansku lutku sa uzglobljenim udovima koju je koristio (i iskorišćavao) u svojim dečijim igrama. Poreklo ovog iznenadnog ponovnog pojavljivanja u snu izgleda mu očigledno: reč je o tabli na radnji sa *Püppchen* koju je juče video na ulazu u bogatu vilu u kojoj je stanovao i gde čak možda još stanuje Dani fon Brike. Ali u tom slučaju, posle atentata koji je uspeo da izbegne, ako je zaista još živ, čovek bez sumnje izbegava da se vraća u svoje zvanično boravište, za koje su ubice sve vreme znale. Najosnovnija obazrivost sada ga primorava da nestane.

Sišavši u zajednički salon, pust, kako bi doručkovao, Valon pokušava da prebere po glavi, i da uvede red među elemente koje zna u vezi ove pustolovine u kojoj se ništa ne odvija kao što je predviđeno, kako bi možda uspeo da napravi sopstveni plan istrage, odnosno manevrisanja. Sada dolazi u obzir isključivo lični plan, jer je njegov zadatak okončan — bar privremeno — lakonskim otkazom koji mu je dao Pjer Garen. Marija, nasmejana i nema, pošto je u rekordnom vremenu ispeglala njegovo nošeno odelo, ljupko mu donosi mnogobrojne sastojke dobrog nemačkog ručka, koje on jede s jako dobrim apetitom. Braća Maler se danas ne pojavljuju, ni jedan, ni drugi. Napolju je sunce, zimsko, prigušeno sunce koje uopšte ne uspeva da ugreje oštar vazduh, uzburkan lakim, isprekidanim, hirovitim vetrom, veoma berlinskim. Val, takođe, oseća olakšanje, i to još veće nego juče, jer je konačno uspeo da prođe američki kontrolni punkt. Sada se oslobodio svog teškog prtljaga, odmorio se dobro i relativno mirno odspavavši, oseća se beskoristan i potpuno spreman. Gledajući stvari oko sebe s ravnodušnošću s kakvom gledamo stari film u kojem nedostaju rolne, ide veselim korakom, ne obraćajući previše pažnje na neodređen ali istrajan utisak praznog, ili barem ošamućenog mozga, od kojeg ne treba tražiti nikakvu delotvornost... Zašto je to sada važno?

Na drugoj obali mrtvog kanala, neki pecaroš, bacivši samo jednu udicu čiji se konac ne vidi u njegovoj desnoj ruci, napola ispruženoj da bi bolje osetio moguće trzaje, sedi na kuhinjskoj stolici od lakiranog drveta koju je izgleda za tu priliku izvukao iz nekog obližnjeg stana, postavljenoj u samom dnu keja, baš ispred prvog stepenika na kamenom stepeništu koje se useca u ulicu i kojim se može sići do vode. Osrednji kvalitet te mutne vode zatrpane sitnim otpacima koji plivaju po površini (zapušači, kora pomorandže, tragovi ulja u bojama duge) ili odmah ispod površine (listovi ispisane hartije, veš sa crvenim mrljama, itd.) ostavlja bar sumnju da bi tu mogla opstati bilo kakva riba. Čovek je u košulji, s pantalonama zavrnutim iznad članaka i nogama u espadrilama, u letnjoj odeći koja baš ne odgovara godišnjem dobu. Kao kakav statista koga je garderober loše posavetovao. Ima velike crne brkove i kao da mračnim pogledom osmatra okolinu, sakriven ispod kačketa izduženog oblika od meke tkanine čiji je štitnik natučen na oči, i koji podseća na onakve kakve vole radničke klase u Grčkoj i Turskoj.

Bez ustezanja, navodni pecaroš polako okreće glavu kako bi pogledom pratio tog ne naročito verovatnog buržuja u bundi koji ide duž kuća kao da se šeta, na suprotnoj obali, to jest sa strane na kojoj su parni brojevi, zastavši na pola puta ka pokretnom mostu čiji zarđali mehanizam ne dozvoljava da se otvara, i dugo i pažljivo posmatra tlo na onom mestu gde je ostatak farbe među neravnom kaldrmom i u pukotinama ostavio u najmanju ruku boje krvi, koje kao da su izbile iz podzemnih dubina kroz trougaonu rupu na spoju između tri veoma glatka okrugla kamena, kako bi se zatim raširile u različitim pravcima u dugim krivudavim džepovima, s naglim zaokretima udesno, ukrštanjima, račvanjima i ćorsokacima, gde pažljiv pogled koji proučava njihov nesiguran, isprekidan, lavirintski tok, bez velike muke prepoznaje prelomljeno pruće i prstenove, grčki krst, svastiku, fabričko stepenište, puškarnice na utvrđenju... i upola izgubljeni putnik se na kraju uspravlja kako bi osmotrio onu visoku metalnu strukturu, crnu i složenu, sada nekorisnu, koja je nekada služila da podiže pokretni most i da tegljačima otvara pristup u Landverkanal, s njegova dva moćna kružna luka usmerena ka nebu sve do krova kuća, od kojih se svaki završava velikim tegom od livenog gvožđa, teških diskova zaobljenih stranica, koji liče na onaj skromniji disk na pritiskaču za hartiju sa izbledelom pozlatom, nasleđen od dede Kanija posle mamine smrti, koji sada stoji na mom radnom stolu. Između pritiskača za hartiju i mene sada je rasuto, u prividnom neredu, mnoštvo stranica prekrivenih sitnim rukopisom sa precrtavanjima, gotovo nečitkim, koje predstavljaju niz nacrta ovog izveštaja.

Levo i desno od prostranog pisaćeg stola od mahagonija čije sam raskošne napoleonovske ukrase opisao na drugom mestu, na koji se sa svake strane sve više nagomilavaju, jedna preko druge, hrpe egzistencijalne hartijetine koja se slaže u slojevima, sada svakoga dana ostavljam zatvorene kapke na tri prozora koji gledaju na park, na jug, sever i zapad, da više ne bih gledao u mračnu propast u kojoj živim još od uragana koji je opustošio Normandiju odmah posle Božića, na izvestan svakako nezaboravan način obeležavajući kraj veka i mitski prelazak u dvehiljaditu godinu. Uređenost krošnji, kotlina i ledina prepušta mesto noćnoj mori iz koje ne mogu da se probudim, pored koje izgledaju. smešno istorijske pustoši – kako se tada govorilo – tornada iz '87 o kojem sam ranije pričao u tekstu. Biće potrebni meseci i meseci, ovoga puta, samo da se raščiste stotine polomljenih divovskih stabala koja su se isprepletala u nerazmrsivi nered (skršivši mlada drveta, negovana s toliko ljubavi) i ogromni panjevi iščupani iz zemlje u kojoj su ostavili razjapljene rupe, kao od bombi iz nekog neverovatnog blic-kriga koji bi trajao svega pola sata.

Često sam govorio o radosnoj energiji koju čovek neprestano mora da širi kako bi obnovio srušen svet i stvorio nove građevine. I evo, vraćam se ovom rukopisu posle čitavih godinu dana pisanja za film prekidanog previše brojnim putovanjima, svega nekoliko dana posle uništenja značajnog dela mog života, i ponovo se nalazim u Berlinu posle druge kataklizme, ponovo pod drugim imenom, radeći pozajmljeni posao, s više lažnih pasoša i sa zagonetnim zadatkom koji stalno kao da će se rasprišiti, ipak nastavljajući da se uporno koprcam među udvajanjima, neuhvatljivim prikazama, starim slikama u ogledalima koja se neprestano vraćaju.

U tom trenutku Val življim korakom nastavlja put ka izlazu iz ulice Feldmeser na dvostruki kej, zatim očigledno skrećući ka broju 2, gde se nalazi navodna prodavnica lutaka za decu i odrasle. Gvozdena kapija iz 1900. je odškrinuta. Ali putnik se ne usuđuje da je još gurne; radije najavljuje svoje prisustvo povukavši lančić koji visi s leve strane i u načelu bi morao pokrenuti zvonce, mada snažno i često cimanje u stvari ne proizvodi nikakvu primetnu zvonjavu, niti ljudsku pojavu.

Val tada diže pogled ka fasadi raskošne vile, čiji je središnji prozor, na prvom spratu, širom otvoren. U otvoru koji zjapi nalazi se ženska osoba za koju putnik najpre pomisli da je lutka za izlog, toliko iz daljine njena nepomičnost izgleda savršena, a pretpostavka o tome da je izložena prema ulici je, uostalom, ovde izgledala toliko verovatna, s obzirom na komercijalnu prirodu mesta oglašenu na tabli na ulazu. Ali pošto je iznenada opazio živ odsjaj pogleda uperenog u njega, dok je nepredvidljiv osmeh istovremeno blago razvukao uglove napućenih usana, Val mora priznati da se prevario: uprkos hladnoći kojoj se izlaže u preterano laganoj odeći, radi se – neka mi Bog oprosti! – o devojci od krvi i mesa koja ga posmatra s napadnom hladnokrvnošću. Devojka s neurednim plavim uvojcima, možda tek ustala iz kreveta, veoma je, mora se reći, ljupka, bar onoliko koliko ovaj pridev sa sladunjavim konotacijama odgovara njenoj blistavoj đavolskoj lepoti, njenom razmetljivom držanju, njenom osvajačkom stavu, kroz koje se, naprotiv, može predvideti veoma čvrst, očeličen, odnosno pustolovan duh, u svakom slučaju lišen krhkosti koju bi njene mlade godine (trinaest ili četrnaest) morale najavljivati.

Pošto nije udostojila odgovora neodređen pozdrav glavom koji joj je upravo uputio, Val skreće pogled sa uznemirujuće pojave, u velikoj meri izgubivši prisebnost zbog ovako neočekivanog dočeka. Zato s još većom odlučnošću odgurne kapiju, u nekoliko koraka pređe vrt i uputi se ka tremu uz čija se tri stepenika popne odlučnim korakom. Desno od vrata, uza zid od cigala okolo njih, nalazi se bronzano zvonce oblih linija, s dugmetom uglačanim od prstiju posetilaca, iznad kojeg se nalazi tradicionalna gravirana pločica, na kojoj stoji ime „Žoel Kast". Val snažno pritiska dugme.

Posle dugog trenutka čekanja u tišini, teška vrata od rezbarenog drveta se otvaraju, uz – kako izgleda – izvesno oklevanje, i neka starica odevena u crninu pojavljuje se u dovratku. Pre nego što je Boris Valon imao vremena da se predstavi niti da kaže i najmanju reč izvinjenja, gazdarica mu saopštava tihim glasom, u poverenju, da se prodavnica lutaka otvara tek popodne, ali je zato otvorena cele večeri, što, zajedno sa preuranjeno erotskim prizorom ponuđenim s prozora na prvom spratu, kod našeg specijalnog agenta koji je prekršio zabranu povratka učvršćuje ranije navedene sumnje. Tada izgovara rečenicu koju je pripremio, na ispravnom ali nesumnjivo malo nesigurnom nemačkom, i pita da li ga gospodin Dani fon Brike može primiti, mada nema ugovoren sastanak s njim.

Starica strogog lica tada još više otvori vrata, kako bi bolje videla tog trgovačkog putnika bez kofera čiji opšti izgled odmerava s nekom vrstom preneraženosti i neverice, koja se postepeno pretvara u jasan izraz straha, kao da se pribojava da ima posla s ludakom. Zatim naglo zatvara vrata, čija teška brava muklo škljocne. Odmah iznad, van vidokruga, zvonak smeh nevidljive devojčice čija slika je ipak ostala, obuzete iznenadnom radošću iz razloga koji mi izmiče, nastavlja se bez ikakvog uzdržavanja. Vesela jeka prekida se samo da bi ustupila mesto prijatnom voćnom glasu, koji na francuskom šaljivo uzvikuje: „Danas nema sreće!"

Odbijeni posetilac zabacuje glavu, trupa izvijenog unazad. Drska vragolanka ocrtava se naspram neba, i sama nagnuta napred preko ograde, u prozirnoj spavaćici raskopčanoj više od polovine, kao da je, zakasnela spavačica, na brzinu uzela rublje s noćne lutke kako bi se pojavila u pristojnijoj odeći. Ona viče: „Čekajte! Otvoriću vam!" Ali evo, celo njeno telo, sve manje i manje odeveno (jedno rame i malecka dojka sada su otkriveni) zakorači u prazno na neverovatan, opasan, očajnički način. Njene oči se još jače rašire nad dubinama žućkaste vode. Njena previše crvena usta nesrazmerno se otvaraju kako bi ispustila krik, koji ne može da iziđe. Njena ljupka prsa, njene nage ruke, glava s plavim uvojcima, pružaju se i izvijaju u svim pravcima, tresu se, bacajući se u hiljadu pokreta koji postaju sve napadniji. Kao da doziva u pomoć, kao da joj preti neka neposredna opasnost – plamen požara, oštri zubi vampira, ubica koji maše nožem – koja joj se nezaustavljivo primiče kroz sobu. Spremna je na sve kako bi pobegla od toga, u stvari već pada, beskonačno, i već se evo razbija o šljunak u malom vrtu... Kad se odjednom povuče, soba je usisa, i ona odmah nestane.

Val se vraća i prvobitni položaj, licem okrenut vratima. Ona su ponovo delimično otvorena; ali umesto negostoljubive starice, mlada žena (oko trideset godina) nepomično stoji u slobodnom prostoru, posmatrajući stranca koji pokazuje iznenađenost nelagodnim osmehom. Muca na nemačkom nerazumljiva opravdanja. Ali ona ga i dalje posmatra u tišini, ozbiljnog izraza lica, nesumnjivo ljubaznog, mada prožetog tužnom, dalekom nežnošću, koja je u velikoj suprotnosti s bučnom drskošću devojčice. I mada izgleda kao da lica jedne i druge imaju izvesne zajedničke crte, naročito bademasti oblik krupnih zelenih očiju, predusretljive, nabubrele usne, prav i tanak nos takozvanog grčkog stila, ipak naglašeniji kod ove starije, čija veoma smeđa kosa, uvezana s dve čedne trake obavijene oko glave, po modi iz '20-ih, naglašava razliku koja nikako ne može biti samo generacijska. Njene zenice kreću se neprimetno, kao i njene jedva razmaknute usne.

Opčinjavajuća, zavodljivo i pomalo melanholično napućena dama, napokon progovara, toplim i ozbiljnim glasom koji dolazi iz dubina njenih grudi ili čak iz stomaka, na francuskom u kojem se prepoznaju tonovi zrele trešnje i mesnate kajsije – čulni odjeci, moglo bi se reći u njenom slučaju – ranije primećeni kod devojčice: „Ne obraćajte previše pažnje na Žiži, niti na ono što ona govori, niti na ono što bi mogla učiniti... mala je verovatno donekle luda, u takvim je godinama: ima tačno četrnaest... i sumnjive posetioce." Zatim, posle naglašenije pauze, dok je Val još u nedoumici šta treba da kaže, ona dodaje sa istom pomalo odsutnom blagošću: „Doktor fon Brike ne živi više ovde već desetak godina. Veoma mi je žao... ovde stoji moje lično ime. (Ljupkim pokretom gole ruke pokazuje na bakarnu pločicu iznad zvonca.) Ali možete me jednostavnije zvati Žo, što Nemci izgovaraju kao Jo, koju je obad proganjao kroz Grčku i Malu Aziju, pošto ju je Jupiter silovao u vidu oblaka s plamenim odsjajima."

Neuhvatljiv osmeh Žoel Kast, uz tu besmislenu mitološku invokaciju, baca posetioca u lavirint sanjalačkih pretpostavki. On se tada, pomalo nasumično, usudi da kaže: „A za čime bi tu trebalo žaliti, ako nisam indiskretan?

– U raskidu s Danijelom? (Grleni smeh na trenutak ozari tu mladu ženu, dubok i kao gugutav, koji kao da izbija iz celog njenog tela.) Za mene, ničega! Nema kajanja! Rekla sam to zbog vas, zbog vaše istrage... Gospodine Valon.

– Ah! ... Dakle, znate ko sam?

– Pjer Garen mi je najavio vašu posetu... (Tišina.) Uđite, dakle! Malo mi je hladno."

Val koristi dug prolazak kroz taman hodnik kroz koji ga ona vodi do neke vrste salona, takođe prilično mračnog, pretrpanog raznolikim nameštajem, velikim ukrasnim lutkama i svakojakim manje-više neočekivanim predmetima (kakvi se mogu naći kod antikvara-staretinara) kako bi pokušao da razmisli o obrtu do kojeg je došlo. Da li je ponovo upao u klopku? Sedeći na tvrdoj fotelji od crvenog pliša, s naslonima za ruke od mahagonija optočenim teškom bronzom koja ih ukrašava i štiti, on pita, opredelivši se za najprirodniji opušteni izraz koji je kadar da proizvede: „Poznajete Pjera Garena?

– Očigledno! Odgovara ona lagano slegnuvši pomalo umornim ramenima. Svi ovde poznaju Pjera Garena. Što se tiče Danijela, on je bio moj muž pet godina, sve do pred rat... On je bio Žižin otac.

– Zašto kažete *bio*?" pita putnik pošto je malo razmislio.

Žena ga pogleda najpre ne odgovarajući, kao da dugo razmišlja o pitanju koje joj je postavljeno, osim ako, naprotiv, nije iznenada pomislila na nešto sasvim drugo, da bi na kraju neutralnim, ravnodušnim glasom rekla: „Žiži je siroče. Pukovnika fon Brikea su ubili izraelski agenti, pre dve noći, u sovjetskom sektoru... baš preko puta stana u kojem smo moja ćerka i ja živele pošto su me se odrekli početkom '40-ih godina.

— Šta podrazumevate pod time 'odrekli me se'?

— Danijel je na to imao pravo, pa čak i dužnost. Novi zakoni Rajha od mene su učinili Jevrejku, a on je bio visoki oficir. Iz tog istog razloga nikada nije priznao Žiži, koja se rodila malo pre našeg venčanja.

— Govorite francuski bez ikakvog nemačkog ili srednjoevropskog naglaska...

— Odrasla sam u Francuskoj i Francuskinja sam... Ali u kući se govorila i neka vrsta srpskohrvatskog. Moji roditelji su poreklom iz Klagenfurta... Kast je izobličena skraćenica od Kostanjevica, a to je seoce u Sloveniji.

— I ostali ste u Berlinu za vreme celog rata?

— Šalite se! Moj položaj je postajao sve neizvesniji, previše neugodan za naš jednostavan svakodnevni život. Jedva smo se usuđivale da iziđemo... Danijel nas je posećivao jednom nedeljno... Početkom proleća '41, uspeo je da organizuje naš odlazak. Još sam imala francuski pasoš. Nastanile smo se u Nici, u italijanskoj okupacionoj zoni. Oberfirer fon Brike je otišao na Istok sa svojom jedinicom, u strateškoj obaveštajnoj službi.

— Bio je nacista?

— Verovatno, kao i svi... Mislim da se to pitanje čak nije ni postavljalo. Kao nemački oficir, pokoravao se naređenjima nemačke Države, a Nemačka je bila nacional-socijalistička... U suštini, ne znam šta je mogao raditi od našeg poslednjeg susreta, u Provansi, pa sve do povratka u Berlin pre nekoliko meseci. Kada je front razbijen kod Meklenburga posle

61

kapitulacije admirala Denica, Danijel se, na primer, pridružio porodici u Štralzundu, kada su ga Rusi demobilisali iz nejasnih političkih razloga. Što se mene tiče, vratila sam se ovamo čim sam mogla, sa francuskim okupacionim trupama. Dobro govorim engleski i nemački, i prilično dobro se snalazim s ruskim, koji ima mnogo zajedničkog sa slovenačkim. Ubrzo sam dovela i Žiži, posredstvom Crvenog krsta, i bez teškoća smo se vratile u našu staru kuću na kanalu, koju je rat nekim čudom poštedeo. Sačuvala sam papire berlinske administracije koji su dokazivali da se tu vraćam u pređašnje boravište, i da je i sama Žiži tu rođena. Neki ljubazan američki poručnik je regulisao situaciju: dozvola boravka, bonovi za hranu i ostalo."

Bivša Madam Žoel fon Brike rođena Kastanjevica zvana Kast (zovite me Žo, to je jednostavnije) iznosi sve ove poverljive stvari s toliko očiglednom brigom da bude jasna, koherentna i tačna, svaki put navodi mesta i datume svojih lutanja ne zaboravljajući na njihove opravdane razloge, da Boris Roben, koji od nje nije toliko tražio, ne može a da ne pomisli da je njena priča sumnjiva, ako ne i neverovatna. Kao da deklamuje pažljivo naučenu lekciju, pazeći da ništa ne izostavi. I nesumnjivo njen smireni, razumni, ravnodušni ton, bez emocija i bez zlobe, u mnogome utiče na osećaj lažnog koji se podmuklo širi iz priče. Sam Pjer Garen je mogao smisliti celu tu poučnu odiseju. Radi mirne savesti, treba dovesti u pitanje ekscentričnu adolescentkinju, zacelo manje obučenu nego majka. Ali zašto je njoj, koja ne izgleda ni previše otvorena niti po prirodi govorljiva, toliko važno da u duh neznanca usadi ove nezanimljive pojedinosti o njenom porodičnom epu? Šta, dakle, skriva njen neumesni trud, njeno sitničavo, mada ipak nepotpuno sećanje, uprkos prividnoj iscrpnosti svedočanstva? Zašto joj se toliko žurilo da se vrati u ovaj neizvestan grad, velikim delom u ruševinama, teško pristupačan, možda još opasan po njen život? Šta ona tačno zna o Fon Brikeovoj smrti? Da li je odigrala značajnu ulogu u njoj? Ili samo sporednu? Za kakvu zagonetku stan J. K. predstavlja središte? Kako ona može s takvom sigurnošću znati gde se tačno desio zločin? I kako je, s druge strane, Pjer Garen mogao pogoditi da je putnik u poslednjem trenutku izabrao pasoš na ime Valon kako bi ušao u zapadnu enklavu grada? Da li mu je Marija, živahna kelnerica u hotelu Saveznici odmah dojavila? I konačno, kojim je stvarnim sredstvima za život raspolagala Žo sada u Berlinu, u koji je smesta dovela svoju maloletnu ćerku, koja bi zacelo lakše nastavila školovanje u Nici ili Kanu?[7]

Razmišljajući o tim tajnama, Val, čije su se oči sada navikle na neprozirnu senku koja zamračuje prostrani salon s gotovo zatvorenim teškim crvenim zavesama, s više pažnje razgleda nameštaj iz nekog oniričnog vašara stareži, mučnu zbrku, skladište nestalih uspomena, gde među manje-više minijaturnim dečijim igračkama prisustvo brojnih lutaka u prirodnoj veličini u sugestivnoj odeći, u suprotnosti s mladalačkim licima, mnogo pre podseća na neku javnu kuću iz 1900. nego na prodavnicu za devojčice. I posetiočeva mašta ponovo spekuliše o tome kakvom se trgovinom bave u ovoj staroj buržujskoj kući jednog oficira Vermahta.

Napomena 7 – Različita pitanja koja se pravi da postavlja naš uznemireni pripovedač, s pritvornom naivnošću, dopuštaju mu da počini bar jednu grešku u složenom raspoređivanju piona: usput priznaje da sumnja u divnu Mariju – a ne u braću Maler – da radi za Službu Diskretne akcije, a još jutros čak nije znala ni naš jezik. Još je čudnije s njegove strane što briše jedino pitanje koje bi nam se učinilo umesno (meni posebno) i koje ga se neposredno tiče: zar ga mlada razočarana udovica nije podsetila na jedno drugo žensko prisustvo, uvek brižljivo opisivano u njegovoj priči, koje ga svakako veoma blisko dira? Zar opis njenog lica sa oštrim crtama koji ovde daje ne izgleda kao da otvoreno podseća na fotografiju njegove sopstvene majke kada je imala trideset godina, što je slika koju je na raznim mestima često pominjao? Ili ovoga puta pažljivo izbegava pominjanje sličnosti koja je ipak neosporna (još istaknutija zbog glasa dirljivog zvuka o kojem ranije govori) dok u celom svom tekstu koristi i najmanju priliku da ukaže na sličnosti ili udvajanja koji su možda izmišljeni, u svakom slučaju ne naročito ubedljivi, kao i uveliko odvojeni jedni od drugih u vremenu, ako ni po čemu drugom, a ono po čudnoj analogiji na čiju očiglednost ukazujemo. On, naprotiv, bez ustručavanja insistira (i to van svake sumnje smišljeno) na seksualnoj privlačnosti koja izbija iz Žo Kast kao i iz skandalozne devojke sa zlatnim uvojcima, mada nam morfološka bliskost koju uspostavlja između majke i deteta izgleda, još jednom, potpuno subjektivna, da ne kažemo obeležena lažljivim namerama.

„Vanbračna" ćerka Danija fon Brikea u stvari mnogo više pokazuje „arijevsku" lepotu svog muškog roditelja, koji joj, mada joj odriče plemićku titulu predaka, nadeva prusko ime, arhaično i gotovo iščezlo: Gegeneke, brzo pretvoreno u Gege, prema nemačkom izgovoru, ali pofrancuženo u Žiži, koje za Amerikance postaje bezmalo Điđi. Uzgred ukazujem, zarad onih koji to još nisu shvatili, da ova hirovita mlada dama, u mnogo čemu veoma rano sazrela za svoje godine, predstavlja jedno od glavnih sredstava našeg taktičkog delovanja.

———————

Konačno napustivši svoje sanjarenje (posle koliko vremena?) putnik uputi pogled ka dami... S iznenađenjem uviđa da je fotelja u kojoj se ona nalazila nekoliko trenutaka ranije sada prazna. I okrećući se levo i desno na stolici, ne vidi je ni u jednoj drugoj tački u velikoj prostoriji. Domaćica je tako napustila salon s erotičnim lutkama i ostavila svog posetioca ne dopustivši mu da primeti ni najmanji šum koraka, niti krckanje parketa, niti škripu vrata. Zašto je odjednom kriomice izišla? Da li je otrčala da Pjeru Garenu javi da se ptica selica uhvatila u mrežu? Da li su ljudi iz SDA već u vili, gde se dešava neko uznemirujuće pomeranje nameštaja na gornjem spratu? Ali evo kako se u tom trenutku neuhvatljiva udovica zelenih očiju, razneženih lažnom patnjom, diskretno vraća kroz neki neraspoznatljiv ulaz u salon-skladište, smešten u toliko mračne dubine da mlada žena kao da izlazi iz mraka, s predostrožnošću noseći poslužavnik na kojem stoji prepuna šoljica, čiji sadržaj ona pazi da ne prolije. Nadzirući krajičkom oka nivo tečnosti, prilazi mu vazdušastim korakom plesačice, govoreći: „Skuvala sam vam kafu, gospodine Valon, veoma jaku, italijansku... Malo je gorka, ali verovatno nikada niste pili ovako dobru u komunističkom sektoru. Ovde, zahvaljujući intendanturi SAD, imamo povlasticu da dobijamo neke retke proizvode. (Stavlja mu u ruke svoj dragoceni pokon.) To je kolumbijska robusta...“ I pošto malo poćuti, dok on u sitnim gutljajima počinje da ispija vrelu crnu teč-

65

nost, dodaje prisnijim, materinskim tonom: „Vaš umor je toliko velik, jadni moj Borise, da ste zaspali dok sam govorila!"

Napitak je zaista toliko robustan da postaje odvratan. To svakako nije ono što se zove američka kafa... Kada je ipak uspeo da je proguta, putnik se ne oseća nimalo bolje; pre bi se moglo reći suprotno. Kako bi se izborio s mučninom koja ga osvaja, ustaje sa svoje fotelje, pod izgovorom da želi da ostavi praznu šoljicu na mermeru na komodi koja je, međutim, već pretrpana sitnim predmetima: torbice od metalne mrežice, cveće od perlica, igle za šešire, sedefne kutije, egzotične školjke... ispred nekoliko porodičnih fotografija različitih veličina, ukoso postavljenih u čipkasto obrezane limene ramove. Prema sredini, najveća među njima predstavlja uspomenu s letovanja na moru, sa zaobljenim stenama na levoj strani u drugom planu, blistavim talasićima u samom dnu i, u prvom planu, četiri osobe koje stoje na pesku, poređane licem prema objektivu. Kliše je takođe mogao biti napravljen na nekom bretonskom žalu u Leonu.

Dve prilike u sredini slike su jednako severnjački plave, visok mršav muškarac lepog strogog lica od najmanje pedeset godina, odeven u besprekorne bele pantalone i tesnu belu košulju, zakopčanu na rukavima i oko vrata, kome s desne strane stoji sasvim mala devojčica od možda dvadeset, najviše trideset meseci, ljupka i nasmejana, potpuno gola.

S obe strane, to jest na oba kraja reda, stoje, naprotiv, osobe upadljive po tamnoj kosi: veoma lepa mlada žena (od dvadesetak godina) koja drži dete za ruku, a sa druge strane, muškarac od trideset ili trideset i pet godina. Oboje nose crne kupaće kostime (ili u boji dovoljno tamnoj da izgleda kao crna na crno-beloj slici), koji njoj prekriva ceo trup, a njemu samo donji deo, oboje, reklo bi se, još mokri od nedavnog kupanja. Prema njihovim godinama, to dvoje odraslih veoma tamnokosih ljudi morali bi biti roditelji devojčice s kovrdžama boje zrelog žita, koja je verovatno po Mendelovom zakonu nasledila bledu pigmentaciju svoga dede.

Ovaj u tom trenutku posmatra na nebu, u pravcu ivice zastakljenog pravougaonika, let morskih ptica – kreštave galebove, crnoglave morske lastavice, burnice koje se vraćaju na pučinu – ili možda avione koji prolaze izvan opsega objektiva. Mlađi čovek gleda u devojčicu, koja slobodnom rukom maše prema fotografu jednom od onih malih kraba veoma čestih na plažama, koje se zovu zelene ili besne, i koju drži između dva prsta za zadnju nogu, posmatrajući svoj ulov sa zadivljenim izrazom. Samo mlada venerolika majka gleda u pravcu aparata, pozirajući uz prigodan ljubak osmeh. Ali još više privlače pažnju, vrlo upadljive u sredini slike, dve velike otvorene štipaljke i osam tankih nogu malog ljuskara koji se lepezasto raširio, ukočen, rasprostrt pravilno i savršeno simetrično.

Kako bi bolje proučio različite aktere ove složene scene, Val je uhvatio sliku obema rukama da je primakne očima, kao da želi da uđe u nju. Izgleda kao da samo što nije skočio, kada se uznemirujući glas njegove domaćice umeša da ga zadrži u poslednjem trenutku, prošaptavši odmah iza njegovog uha: „To je Žiži sa dve godine, na peščanoj plaži na severozapadnoj obali Rigena, u leto trideset i sedme, kada je bila neuobičajena vrućina.

– A blistava devojka koja je drži za ruku, čija se ramena i ruke još presijavaju od okeanskih bisera?

– To nije okean, samo Baltičko more. I to sam, naravno, ja! (Zahvaljuje na komplimentu kratkim grlenim smehom, koji se blago izliva na vlažan pesak.) Ali već sam odavno udata u to vreme.

– Za muškarca koji se takođe upravo okupao?

– Ne! Ne! Za Danijela, mnogo starijeg elegantnog gospodina koji je, uostalom, lako mogao da mi bude otac.

– Izvinite! (Učtivi posetilac je, razume se, bez muke prepoznao starog pukovnika oličenog u kipu na antičkoj alegoriji na Trgu žandarmerije.) Zašto tako osmatra nebo?

– Čuo se prasak patrole štuka u trenažnom letu.

– To ga se neposredno ticalo?

– Ne znam. Ali rat se bliži.

– Bio je veoma lep.

– Zar ne? Savršen primerak plavog dolikokefala, kao za zoološki vrt.

– Ko je snimio fotografiju?

– Ne sećam se više... Bez sumnje neki profesionalni fotograf, s obzirom na neuobičajeno dobar kvalitet klišea i u najmanjim pojedinostima: gotovo da bi se mogla prebrojati zrnca peska... Što se tiče crnokosog muškarca, sasvim desno, to je sin koga je Dan dobio u prvom braku... da se držimo te zgodne reči. Mislim da se u stvari nikad nisu venčali...

– Mladalačka ljubav, ako je verovati očiglednoj zrelosti sina?

– Dan jedva da je imao više od dvadeset godina, a njegova verenica tačno osamnaest, baš kao ja kada sam ga upoznala... Uvek je imao mnogo uspeha kod romantičnih mladih dama... Čudno je to, način na koji se istorija ponavlja: još ona je bila Francuskinja, i prema portretima koje sam mogla da vidim, ličila je na mene kao sestra bliznakinja, s trideset godina razlike... ili čak malo više. Može se reći da je imao veoma ustaljen seksualni ukus! Ali ta prva veza trajala je još kraće nego naša. 'To je bila samo proba, uveravao me je on, pre generalke.' Zatim sam polako počela da shvatam, naprotiv, da sam ja u stvari samo druga postava... ili, u najboljem slučaju, zvezda u kratkotrajnoj reprizi nekog već starog komada... Ali šta vam je, dragi gospodine? Izgledate sve iznureniji. Jedva stojite na nogama... sedite...“

Valon, koji se ovog puta oseća zaista loše, kao pod uticajem droge čiji gorki ukus mu ostaje u ustima na uznemirujući način, dok gospodarica kuće naglo prekida sa izveštačenom živahnom brbljivošću svojih objašnjenja i komentara, kako bi sada osmotrila svog posetioca, iznenada zarobljenog oštrim pogledom njenih zelenih očiju, koji se nesigurnim korakom vratio u salon u potrazi za stolicom koja će mu priteći u pomoć[8]... Sve fotelje su, za nevolju, zauzete, i u njima ne sede lutke u prirodnoj veličini kao što je najpre pomislio, nego bezbrižno odevene prave devojke koje mu upućuju mnoštvo vragolastih grimasa i saučesnički namiguju... U svojoj zbunjenosti, ispusti pozlaćeni ram na kojem se zaštitno staklo polomilo na podu uz nesrazmernu buku cimbala... Val, odjednom zamišljajući da je u opasnosti, uzmaknuo je korak prema mermeru na komodi, gde je nasumice dohvatio, iza leđa, neki težak mali predmet, obao i gladak kao uglačani oblutak, koji mu se učinio dovoljno težak da bi mu eventualno mogao poslužiti kao odbrambeno oružje... Ispred njega, Žiži je, razume se, sedela u prvom redu, i osmehivala mu se sa istovremeno izazovnim i podsmešljivim izrazom. Njene drugarice, posvuda, takođe su, u čast Francuza, isticale svoje lascivne poze. U sedećem, stojećem, ili napola ležećem stavu, više njih je upad-

69

ljivo podražavalo žive reprodukcije manje-više slavnih umetničkih dela: Grezov *Razbijeni krčag* (ali pri tom bez odeće), *Mamac* Eduara Manrea, *Okovanu robinju* Fernana Kormona, Alis Lidel kao mala prosjakinja koju je pastor Dodžson fotografisao u izazovno poderanoj košulji, sveta Agata izlagala je gole dojke, već okićene veoma doličnom ranom, pod mučeničkim vencem... Val je otvorio usta da kaže nešto, nije znao šta, što bi ga izvuklo iz ovog smešnog položaja, ili možda samo da bi kriknuo, kao što se to radi u košmarima, ali nikakav zvuk nije izlazio iz njegovog grla. Tada je primetio da u desnoj ruci drži ogromno oko od šarenog stakla, belog, plavog i crnog, koje je moralo poticati od neke divovske lutke, i prineo ga je licu da ga ispita, s užasom... Devojke su prasnule u smeh, sve uglas, u različitim bojama i visinama glasa, sve jače i jače, preterano visokim tonom, pa dubljim grohotom, u zastrašujućem horu[9]... Putnikov poslednji utisak bio je da ga nose, izgloblenih udova, bez snage, kao krpenu lutku, dok se cela kuća punila bukom selidbe u neredu, ili čak pljačke, nečim što je ličilo na graju pobune.

Napomena 8 – Iskoristivši to što se naš zbunjeni agent davi u ovoj plimi prošlih vremena, možemo da preciziramo ili da ispravimo izvesne pojedinosti u dugačkom razgovoru koji prethodi. Ako se dobro sećam, fotografija s porodičnog letovanja nije snimljena na ostrvu Rigen, nego u neposrednoj blizini Gral-Mirica, letovališta na Baltičkom moru najbližem Roštoku, gde je Franc Kafka boravio tokom leta 1923 (odnosno četrnaest godina ranije) pre nego što je došao da provede svoju poslednju zimu u Berlinu, čak ne usred Centra, kao što naš pripovedač ranije pretpostavlja, nego u periferijskoj četvrti Šteglic koja danas, zajedno s Templehofom, određuje južnu granicu američkog sektora.

A sećam se i aviona na nebu, jer njegov otac u stvari nije posmatrao prelet pepeljastih ždralova, spektakularan u to doba godine. Ipak, nije se radilo ni o štukama u ponirućem letu, nego o meseršmitu 109 koji je brundao u visini, nimalo ne uznemiravajući mir ljudi na odmoru. Greška Žoel Kastanjevice potiče otuda što je pomešala upečatljiv film ratne propagande koji smo gledali istog dana u filmskim novostima, u nekoj rudimentarnoj sali u Ribnic-Damgartenu. Što se tiče rečnika pozorišne sredine koji koristi kada govori o svom braku (proba, postava, generalna proba, repriza, itd.) on očigledno vodi poreklo od njenog boravka u Nici (dakle, kasnije). Tamo je držala skromnu lokalnu papirnicu, gde su deca dolazila da kupuju olovke i gumice, dok se ona mnogo više zanimala za amatersku pozorišnu družinu koju je osnovala s nekim prijateljima. Kažu da je posebno igrala ulogu Kordelije u scenskoj adaptaciji *Dnevnika zavodnika* čiji se francuski prevod pojavio pre rata u časopisu *Kabine kosmopolit*.

Napomena 9 – Autor problematične priče bez ikakve sumnje želi ovim preterivanjima da kod eventualnog čitaoca potkrepi tezu o trovanju: tako bismo u ovoj nedvosmisleno delirantnoj sceni prisustvovali prvim posledicama (mučnina, potom halucinacije) navodne opojne kafe koju smo mi pripremili. Kako bi se izvukao iz pogrešnog koraka, u čemu ima teškoća, njegova taktika tako će biti da spere ličnu odgovornost – koje je svestan ili nije svestan, zbog stvari koje je počinio namerno, ili su mu se desile – u mutnoj kupki složenih mahinacija koju su pripremili neprijatelji, dvostrukih igara s fiokama, bacanja čini i hipnotisanja upotrebljena protiv njega, oslobađajući svake krivice ili umešanosti njegovu nesrećnu i krhku osobu. Svakako bismo voleli da on sam tačno kaže koji je naš interes da ga uništimo. Svi oni koji su znali za njegove ranije odnose, makar samo ovlaš ili delimično, u svakom slučaju su mogli primetiti da se ova blizanačka tematika zavere i začaranosti pod njegovim perom izvanredno često ponavlja, a ne treba zaboraviti ni bučni završni napad razularenih erotičnih devojčica.

Sve se odjednom smirilo. I u potpunoj tišini, previše savršenoj, pomalo uznemirujućoj, Frank Matje (ili takođe Matje Frank, jer se tu uistinu radi o njegova dva imena) budi se, ne bismo znali reći posle koliko časova, u sobi koja mu je poznata, u kojoj mu se barem čini da prepoznaje i najmanje detalje, mada je taj dekor za sada nemoguće smestiti, niti u prostoru, niti u vremenu. Noć je. Teške dvostruke zavese su navučene. Na sredini zida naspram nevidljivog prozora visi slika.

Zidovi su obloženi papirom koji je nekada premalan, s naizmeničnim uspravnim trakama: vrlo tamne plavičaste linije s belim ivicama, široke pet-šest santimetara, koje između sebe ostavljaju isto tolike površine, samo znatno bleđe, gde se odozgo naniže spušta linija sitnih šara, svih istovetnih, čija potamnela boja je nekada nesumnjivo morala biti zlatna. Bez potrebe da ustaje kako bi ih video izbliza, Matje F. može po pamćenju da opiše taj znak čije je značenje neizvesno: neki ukras u obliku cveta, neka vrsta karanfilića, ili malecka buktinja, ili možda bodež- -bajonet, ali i lutkica čije telo i skupljene noge zamenjuju široko sečivo noža ili dršku baklje, čija glava

po izboru postaje plamen na baklji ili zaobljena dr-
ška bodeža, dok napred ispružene (pa time i malo
skraćene) ruke predstavljaju štitnik na oružju ili ku-
picu koja sprečava vrelu tvar da curi na ruku.

Na desnom zidu (za posmatrača koji se postavi
leđima prema prozoru) stoji veliki zastakljen ormar,
dovoljno dubok da bi služio kao plakar, čije debelo
veoma reljefno brušeno ogledalo zauzima gotovo
cela vrata sa samo jednim krilom, u kojem se vidi
odraz slike, ali obrnut, što znači da se desni deo osli-
kanog platna nalazi na levoj polovini površine koja
ga odražava, i obrnuto, tako da tačno sredina pravo-
ugaonog okvira (materijalizovanog u obliku ponosi-
te glave starca) koji se tačno poklapa sa središnjom
tačkom ogledala na okretanje, koje je oivičeno i sto-
ji uspravno u odnosu na stvarnu sliku, kao i na nje-
nu virtualnu reprodukciju.

Na taj isti zid, između ormara postavljenog goto-
vo u ugao i spoljašnjeg zida na kojem se nalazi pro-
zor, potpuno sklonjen od pogleda iza navučenih te-
ških zavesa, naslanja se uzglavlje dva kreveta-
-blizanca, koji uopšte ne može koristi niko drugi os-
im veoma male dece, toliko su malih dimenzija: ma-
nje od metar i pedeset dužine s približno sedamdeset
santimetara širine. Odvojeni su jedan od drugog noć-
nim stočićem od bojenog drveta, odgovarajućih raz-
mera, na kojem stoji mala noćna lampa u obliku
svećnjaka, čija slaba električna sijalica nije ugašena.
Drugi noćni stočić, potpuno sličan prvom, iste ble-
doplave boje i s jednakom upaljenom lampom, na-
šao je tačno onoliko mesta koliko mu treba između
drugog kreveta i spoljašnjeg zida, u neposrednoj bli-
zini leve ivice širokih nabora koje pravi tamnocrve-
ni štof od kojeg su načinjene zavese. Ove tako mo-
raju u značajnoj meri prelaziti preko nevidljivog

73

prozorskog otvora, koji ima malo razloga da bude preterano širok, kao ovi koji se danas prave.

U želji da proveri detalj koji mu nije bio pristupačan iz ležećeg položaja u kojem se nalazi, Matje se diže na lakat. Na svakom jastuku nalazi se, kako se i moglo očekivati, po jedan inicijal imena, rukom vezen velikim jako ispupčenim slovima gotice, gde bez mnogo muke prepoznajemo, bez obzira na složenost bogatih ukrasa, tri naporedne kose crte koje nosi svako od njih, slovo M i slovo W. Upravo u tom trenutku putnik shvata svoj čudan položaj: leži u pidžami, glave oslonjene na nekakav dugačak jastuk od grubog platna prislonjen uza zid pod prozorom, na dušeku bez navlake bačenom na pod između nogu dva kreveca i dugačkog toaletnog stočića, gde na belom mermeru počivaju dva istovetna porcelanska umivaonika, od kojih jedan, međutim, ima jasno vidljivu naprslinu pocrnelu od vremena i popravljenu uz pomoć metalnih spojki koje je sada nagrizla rđa. U dekoraciji od jednobojnih cvetnih spirala koja ukrašava trbušasti bokal za vodu, smešten između dva umivaonika i načinjen od istog materijala, stoji veliki amblem na kojem se s teškom mukom mogu pročitati ona dva ista, previše slična inicijala na gotici, ovoga puta isprepletana, tako da samo oštro oko može da ih razazna.

Grlić bokala odražava se u jednom od dva ogledala-blizanca pričvršćena preko tapeta na štrafte, koji stoje iznad svakog umivaonika na visini koja odgovara samo veoma malim dečacima. Isto važi i za nivo belog mermera na stolu. U drugom ogledalu (onom s desne strane) ponovo se pojavljuje odraz slike čiji je crtež izokrenut. Ali kada se pažljivije posmatra prvo (ono s leve strane) otkriva se, mnogo udaljenija, treća reprodukcija iste slike, ovde sa crtežom na svom mestu, to jest odraženim (i izokrenutim) dva puta: najpre u ogledalu na toaletnom stočiću, a zatim u staklenim vratima ormara.

Matje napokon s naporom ustaje, tela svog malaksalog, ne zna zbog čega, i odlazi da pogleda svoje usahlo lice, nagnuvši se ka sredini ogledalceta iznad popravljenog umivaonika, onoga na čijem dnu se nalazi motiv s velikim slovom M, iskošenim usled stare naprsline. Slika predstavlja neku epizodu (možda vrlo slavnu, ali on se uvek pitao koju) iz antičke istorije ili mitologije, u brdovitom pejzažu, gde se u daljini, s leve strane, razaznaje nekoliko građevina sa stubovima u korintskom stilu koje čine pozadinu dekora. Dolazeći zdesna, u prvom planu, neki konjanik na crnom pastuvu ratoborno zamahuje mačem prema starcu u togi koji je licem okrenut prema njemu, stojeći ispred kola s jako visokim točkovima koja je zaustavio, zatežući uzdama dva bela konja, od kojih se jedan, nervozniji, propinje njišteći, jer ga je povredio previše zategnut đem.

Iza ovog hrabrog vozara uzvišenog držanja, ovenčanog carskom dijademom, stoje dva strelca u grubim pregačama koji napinju svoje oružje, ali strele kao da nisu uperene prema iznenadnom napadaču, kojeg kao da i ne primećuju. Onaj poslednji nosi oklop na prsima koji bi mogao biti rimski, verovatno iz nekog drugog doba nego ona neodređeno helenska toga koju nosi stari car, čije jedno rame, ostavljeno golo, ni u kom slučaju nema ničega ratničkog, dok kratka tesna pregača na dvojici vojnika, kao i njihova kapa, spuštena veoma nisko na potiljak i uši, pre imaju nečega egipatskog. Ali jedan detalj još više uznemirava sa istorijskog stanovišta: među kamenjem na putu leži napuštena ženska cipela, tanka balska cipela s visokom potpeticom čija trougaona gornja strana prekrivena plavim šljokicama svetluca na suncu.

Prastara scena odvija se još jednom, u svojoj bliskoj čudnovatosti. Matje sipa malo vode u svoj umivaonik, na kojem je zalepljeno mesto svakako mnogo upadljivije nego pre. Od kada nije obnavljana ova žućkasta tečnost? Pronalazeći ipak bez razmišljanja pokrete iz detinjstva, on potapa rukavicu za kupanje koja nosi slova „M f B" ispisana crvenim koncem na uskoj vrpci savijenoj u petlju, i koja služi da se rukavica o nju okači o kukicu na vešalici za peškire od hromiranog lima. M blago trlja lice sunđerastom tkaninom koja se cedi. To nije dovoljno, na nesreću, da umanji mučninu koja ga je ponovo snažno obuzela. Vrti mu se u glavi, noge mu klecaju... Naslonjena na zid, levo od slike, i dalje stoji lutka... Iz svoje čaše za zube otpija gutljaj mlake vode s ukusom na pepeo i ubrzo se ponovo sruši na dušek.

TREĆI DAN

AR se budi u nekoj nepoznatoj sobi, koja mora biti dečija soba, s obzirom na minijaturni format dva kreveta-blizanca, noćnih stočića, toaletnog stočića s dve garniture od teškog porcelana, oslikane sivkastim ukrasima. On, pak, leži na običnom dušeku, ali po veličini za odrasle, na brzinu stavljenom pravo na pod. Tu je i tradicionalni veliki zastakljeni ormar, čija su teška vrata širom otvorena i izgledaju divovska među ovim nameštajem za lutke. Iznad njegove glave, električna svetlost je upaljena: plafonjera od mutnog stakla u obliku kupe predstavlja žensko lice, celo oivičeno kao sunce dugim talasastim, zmijolikim pramenovima. Ali ne može dalje da proučava pojedinosti, njena sirova svetlost toliko je snažna. Na zidu sa štraftastim tapetima, naspram njegovog dušeka, okačena je neka slika u pompije stilu, koja neodređeno podražava Delakroaa ili Žerikoa, bez ičega dostojnog pomena osim izuzetne veličine i osrednje izrade.

U velikom brušenom ogledalu na ormaru pojavljuje se odraz vrata koja vode u sobu. Ona su širom otvorena i, u otvoru iz kojeg zjapi crna dubina mračnog hodnika, Žiži stoji nepomično i posmatra putnika koji leži i, odmarajući se, po svom običaju, na desnom boku, devojku vidi samo u zastakljenim vratima ormara, otvorenim – reklo bi se – na veoma proračunat način. Međutim, mlada posetiteljka gleda pravo u donju ivicu crvenih zavesa i u jastuk, i ne pogledavši u ogledalo na ormaru, mada ne može znati da je spavač sada malo otvorio oči, da i on nju krišom posmatra, postavljajući sebi nova pitanja povodom nje. Zašto ova živahna devojčica stoji ćutke i nepomično, s toliko pažnje posmatrajući uznemirujući san gosta? Da li je san nenormalan, zabrinjavajuće dug, previše dubok? Da li je neki hitno pozvani lekar već pokušao da ga iz njega probudi? Ne čita li se neka vrsta strepnje na lepom dečijem licu?

Pomisao na mogućeg lekara kraj njegovog uzglavlja odjednom u pomućenom mozgu AR izaziva kratkotrajno, isprekidano i krhko prisećanje na neposrednu prošlost. Čovek ćelave lobanje, s lenjinovskom bradicom i veoma uskim čeličnim naočarima, koji je držao beležnicu i olovku, sedeo je na stolici s metalnim nogama, dok je on sam, pogleda uprtog u tavanicu, jako mnogo pričao, ali nekim grubim, neprepoznatljivim glasom, ne uspevajući da vlada onim što govori. Šta je mogao pričati u bunilu? S vremena na vreme, bacio bi preplašen pogled na svog ravnodušnog ispitivača, iza kojeg je stajao neki drugi čovek i bezrazložno se osmehivao. On je neobično ličio na AR, utoliko više što se ogrnuo bundom u kojoj je specijalni agent stigao u Berlin.

U jednom trenutku, taj lažni AR čije lice je ostalo lako prepoznatljivo uprkos brkovima, veštačkim bez ikakve sumnje, nagnuo se ka lekaru-sudskom beležniku da mu nešto kaže na uho, istovremeno mu pokazujući nešto na svežnju rukom ispisanih listova... Slika se zamrzne na nekoliko trenutaka u neospornu gustinu stvarnog, kako bi se odmah zatim raspršila zbunjujućom brzinom. Jedva minut kasnije,

78

cela scena je nestala, rasplinula se u magli, postala avetinjska, potpuno neverovatna. Nesumnjivo su to bili samo delovi sna čiji su ostaci i dalje lebdeli oko njega.

Žiži danas nosi školsku haljinicu modroplave boje, veoma dopadljivu, mada podseća na strogu odeću iz religioznih pansiona, s kratkom plisiranom suknjom, belim čarapicama i okruglim okovratnikom. I evo sad prilazi zastakljenom ormaru odlučnim ali ljupkim korakom, kao da je upravo otkrila da je on bezrazložno (ili možda nadalje nepotrebno?) otvoren. Žustrim pokretom zatvara vrata, čije slabo podmazane šarke dugo škripe. AR se pravi da ga je buka naglo probudila; brzo zakopčava dugmad na nepoznatoj pidžami koju su mu obukli (ko? kada? zašto?) i uspravlja se u sedeći položaj. Sa što je moguće ravnodušnijim izrazom, uprkos neprestanoj neizvesnosti u vezi s tačnim mestom gde se nalazi i razlozima koji su ga naveli da tu spava, on kaže: „Dobar dan, mala!"

Devojčica odgovara samo lakim klimanjem glavom. Izgleda zabrinuto, možda nezadovoljno. U stvari, njeno ponašanje je u tolikoj suprotnosti sa onim od prethodnog dana (međutim, da li je to bilo prethodnog dana?) da bi čovek pomislio da ima posla s nekom drugom devojčicom, ipak fizički istovetnom sa onom prvom. Zbunjeni putnik usuđuje se da postavi neutralno pitanje, izgovoreno ravnodušnim tonom:

„Polaziš u školu?

– Ne, zašto? Čudi se ona mrzovoljnim glasom. Odavno sam se rešila časova, zadataka i ispita... Osim toga, niste obavezni da mi se obraćate na ti.

– Kako hoćeš... Kažem zbog odeće.

79

– Šta je s mojom odećom? To mi je radno odelo!... Uostalom, u školu se ne ide usred noći."

Dok se Žiži s ozbiljnim izrazom lica posmatra u ogledalu na ormaru, metodično pregledajući celu svoju osobu, od plavih uvojaka čiju je previše vidno nameštenu razbarušenost naglasila, do belih soknica koje je još više olabavila oko članaka, AR je, kao da je zaražen, i sam ustao da pogleda u ogledalu svoje usahlo lice, nagnuvši se preterano nad jedno od dva ogledala na toaletnom stočiću, previše nisko smeštenom iznad porcelanskog umivaonika. Njegova pidžama sa nebeskoplavim štraftama nosi slovo W na džepu na grudima. Pita, praveći se da ne pridaje tome preveliku važnost:

„Kakav posao?

– Zabavljačica.

– U tvojim godinama? U toj haljini?

– Nema pravih godina za zabavljanje, to biste morali znati, gospodine Francuže... Što se tiče haljine, obavezna je u dansing baru u kojem poslužujem (između ostalog)... To okupacione oficire podseća na odsutnu porodicu!"

AR se okrenuo prema nedozreloj lepotici punoj obećanja, koja to koristi da naglasi ironiju svog komentara raskalašnim namigivanjem, ispod neobuzdanog čuperka koji joj pada preko jagodice i obrve. Njeno nepristojno kreveljenje izgleda utoliko izazovnije pošto je mlada devojka do struka zadigla lepo ispeglanu široku plisiranu suknju, kako bi pred ogledalom namestila previše labave gaćice, pazeći pri tom da ne pokvari sitne izreze na pravim mestima. Njene gole noge su glatke i potamnele sve do butina, kao da su stalno usred leta, na plaži. On kaže:

„Šta znači ovo W, čiju su mu pidžamu pozajmili?

– Pa to je Valter, razume se!

– Ko je Valter?

– Valter fon Brike, moj polubrat, onaj koga ste juče videli na fotografiji s letovanja na moru, u salonu u prizemlju.

– Znači, on živi ovde?

– Ne, ne! Sačuvaj Bože! Kuća je odavno bila prazna i zatvorena kad se Jo tu nastanila, krajem '46. Onaj magarac od Valtera je morao da pogine kao junak na ruskom frontu, za vreme nemačkog povlačenja[10]. Ili možda trune u nekom logoru, negde duboko u Sibiru.

Napomena 10 – Neprijatna prema svojim kolegama, kao i uvek kada je u prilici, naša ljupka kurvica u cvetu ovde, kao i uvek, bezočno laže. Štaviše, to čini iz pukog uživanja u proizvoljnoj laži, jer nikakva direktiva Službe zacelo nije sadržala tako besmisleno precizan podatak, koji bi, uostalom, bilo previše lako opovrgnuti.

Žiži, koja je za to vreme ponovo otvorila škriputava vrata velikog ormara, gde samo polovina služi kao čiviluk, sad s nekakvim besom prekopava po odeći, rublju ili drangulijama nagomilanim u neopisivom dar-maru na policama, u potrazi, kako izgleda, za nekim malim predmetom koji ne može da nađe. Opasač? Maramica? Neki jeftin nakit? U nervozi, obara na pod tanku crnu cipelu s visokom potpeticom čija trougaona gornja strana je potpuno prekrivena metalnoplavim šljokicama. AR je pita da li je nešto izgubila, ali ga ona ne udostojava odgovora. Ipak se zacelo dokopala onoga što je tražila, nekog veoma diskretnog predmeta čiju prirodu on ne uspeva da razazna, dok ona ponovo zatvara ormar i okreće se ka njemu, iznenada s prvobitnim osmehom. On kaže:

„Ako dobro shvatam, zauzeo sam vašu sobu?

– Ne. Ne zaista. Video si koliki su kreveti! Ali ovo je jedino ogledalo u kući u kojem se čovek može videti kad stoji... Osim toga, ovo je bila moja soba, nekada... od rođenja, ili bezmalo tako, pa do 1940... Imala sam pet godina. Igrala sam se udvajanja, zbog ova dva kreveta i dva umivaonika. Nekih dana bih bila W, a drugih M. Mada su bili blizanci, morali su biti međusobno veoma različiti. Izmišljala sam njihove navike, veoma različite, jako izražene karaktere, lične manije, misli ili postupke koji su bili u potpunoj suprotnosti... Trudila sam se da strogo poštujem pretpostavljeni identitet svakog od njih.

– Šta je bilo sa M?

– Ništa. Markus fon Brike je umro kao mali... Ne želiš da razmaknem zavese?

– Zašto bih? Kazali ste da je mrkli mrak.

– Uopšte nije važno. Videćeš! U svakom slučaju, nema prozora...“

Bez vidljivog razloga povrativši svu svoju mladalačku razigranost, devojka u tri gipka koraka, preko dušeka s plavim štraftama izlizanog od upotrebe, prelazi rastojanje koje razdvaja ormar s ogledalom od dobro navučenih crvenih zavesa, koje povlači obema rukama u istom zamahu, preko pozlaćenih metalnih garniša, trakslovane drvene alke razdvajaju se ulevo i udesno, i njihova zvonka lupa najavljuje da će, kad se razdvoje, na sredini napraviti mesta da se pojavi očekivana pozorišna scena. Ali iza teških zavesa nalazi se samo zid.

Na tom zidu, zaista, nema nikakvog otvora niti starinskog prozora, niti ikakve pukotine, nego samo varka: lažni prozorski okvir koji gleda na izmišljenu spoljašnjost, i jedno i drugo oslikano na gipsu sa začuđujućim efektom opipljivog prisustva, još naglašenog promišljeno raspoređenim osvetljenjem koje je uklanjanje zavesa upalilo istog trenutka. Oivičen uzdužnim lajsnama i stubićima klasičnog kostura s dvokrilnim vratima, na kojem je u manijakalnoj, hipertrofiranoj brizi za realizmom napravljen pervaz u obliku kvadrata s udubljenim i ispupčenim rombovima, s ogrebotinama i sitnim nedostacima na drvetu, sa zasunom od mestimično oljuštenog gvožđa, pruža se, iza dvanaest pravougaonika (dva puta po tri na svakom krilu) grozan ratni pejzaž. Mrtvi, ili samrtnici, leže na sve strane na kamenju. Nose lako prepoznatljivu zelenkastu uniformu Vermahta. Uglavnom više nemaju šlemove. Kolona razoružanih zarobljenika, u istoj manje-više nepotpunoj, pocepanoj ili prljavoj odeći, udaljava se ka dnu, zdesna, dok je nadgledaju ruski vojnici koji su ka njima uperili kratke cevi automatskih pušaka.

Sasvim u prvom planu, u prirodnoj veličini i toliko blizu da bi se moglo pomisliti da je na dva koraka od kuće, nalazi se ranjeni podoficir koji se tetura, takođe Nemac, sa na brzinu stavljenim privremenim zavojem koji mu obavija glavu od uha do uha, crveno umrljanim na mestu gde su mu oči. Krv je ispod zavoja curila niz nozdrve, sve do brkova. Desna ruka ispružena ispred lica, raširenih prstiju, kao da mlatara po vazduhu ispred njega iz straha od mogućih prepreka. Međutim, plavokosa devojčica od trinaest-četrnaest godina, odevena kao ukrajinska ili bugarska seljančica, drži ga za levu ruku da ga povede, tačnije, da ga povuče prema onom neverovatnom prozoru koji je poslalo samo proviđenje, do kojeg pokušava da dođe iz noći vremena, slobodne ruke (one leve) pružene u pravcu nekim čudom neoštećenih okana na koja se sprema da pokuca u nadi da će tu naći neku pomoć, u svakom slučaju skrovište, ne toliko za samu sebe koliko za tog slepca o kojem je preuzela da se stara, Bog će znati iz kakvih mračnih pobuda... Kada se bolje pogleda, vidi se da to milosrdno dete izrazito liči na Žiži. Ona je, u svojoj sanitetskoj žurbi, izgubila šarenu tkaninu koja joj je u normalna vremena morala pokrivati glavu. Oslobođene zlatne kovrdže lete oko njenog lica sveg uzbuđenog od neustrašive trke, neznanih opasnosti, pustolovine... Posle duge ćutnje, ona promrmlja nepoverljivim tonom, kao da nikako ne može da prizna postojanje slike:

„Izgleda da je Valter izveo ovaj sumanuti marifetluk, da se zabavi...

– U vašoj dečijoj sobi, dakle, nije bilo prozora?

– Ma, naravno da jeste!... gledao je na vrt iza kuće, gde su se videla velika drveta... i koze. Mora biti da je otvor kasnije zazidan, iz nepoznatih razloga, bez sumnje u samom početku opsade Berlina. Jo kaže da je freska naslikana za vreme završne bitke, da ju je naslikao moj polubrat, koji je ovde ostao zaglavljen još od poslednjeg dopusta.[11]“

U daljini, s leve strane, vidi se više spomenika u ruševinama koji podsećaju na staru Grčku, s nizom stubova polomljenih na različitim visinama, nekim tremom koji zjapi, delovima srušenih arhitrava i kapitela. Neko izgubljeno crno jare uzveralo se na jednu od onih gomila, kao da hoće da osmotri istorijsku situaciju. Ako je umetnik hteo da tačno predstavi epizodu (ličnu uspomenu ili priču koju mu je ispričao ne-ki drug) iz Drugog svetskog rata, moglo se raditi o sovjetskoj ofanzivi na Makedoniju u mesecu decembru 1944. Mračni oblaci vukli su se iznad brda u dugim naporednim pramenovima. Školjka nekih uništenih bornih kola usmerila je ka nebu uzaludnu i prekomernu cev. Borov šumarak preseca vidik, izgleda, između ruskih trupa i naša dva begunca, sa kojima se očigledno poistovećujem usled sadašnjih nevolja, otkrivajući čak u crtama muškarca i u celom njegovom telesnom izgledu izvesnu srodnost s mojim.

Napomena 11 – Nepredvidljiva Gege, bar jednom, ne izmišlja ništa i bez izobličavanja prenosi neka ispravna obaveštenja koja joj je dala njena majka. Osim jedne pojedinosti, međutim: uopšte nisam došao na obale Špreje na odsustvo, što se ne bi moglo ni zamisliti u proleće '45, već radi jednog veoma opasnog „posebnog zadatka na uspostavljanju veze", koji je rusko-poljska ofanziva koja je počela 22. aprila odmah učinila zastarelim. Na nesreću, ili na sreću, ko bi to ikada mogao reći? Primetimo, osim toga – čemu se ovde niko neće začuditi – da devojka kao da nije nimalo uznemirena zbog izvesne nedoslednosti u vezi s tim: ako sam u Berlinu u trenutku završnog napada, teško da bih mogao biti mrtav nekoliko meseci ranije, tokom pozadinskih borbi u Ukrajini, Belorusiji ili Poljskoj, a ona se nekoliko trenutaka ranije pravila da veruje kako je to moguće. Što se tiče prisustva grčkih ruševina u drugom planu, na koje ukazuje pripovedač, na brdima, ono nije bilo – ako se dobro sećam – ništa drugo nego podsećanje kao u ogledalu na one koje su se već nalazile u dekoru velike alegorijske slike koja je zauzi-

85

mala, još od moje najranije mladosti, zid naspram dečije sobe. Takođe bi to moglo biti, međutim, podsećanje ili nesvesno odavanje počasti slikaru Lovisu Korintu, čije delo je nekada imalo veliki uticaj na moj rad, nesumnjivo gotovo isto onoliko koliko i delo Kaspara Davida Fridriha, koji se celog svog života trudio, na ostrvu Rigen, da iskaže ono što je David D'Anže nazvao „tragedija pejzaža". Ali stil koji je imala pomenuta freska na zidu po mom mišljenju ne podseća ni na jednog ni na drugog, osim, strogo uzevši, dramatičnog neba ovog drugog, a za mene je od suštinske važnosti bilo to da sa najvećom minuci-oznošću predstavim autentičnu i ličnu sliku rata, koja dolazi pravo s fronta.

Podsećanje na mog dragog Fridriha sada me navodi da ispravim neshvatljivu grešku (osim ako još jednom nije reč o krivotvorini čija je svrha nedovoljno jasna) koju je napravio navodni Anri Roben u vezi s geološkom prirodom zemljišta na nemačkim obalama Baltičkog mora. Kaspar David Fridrih, uistinu, ostavio je nebrojena platna što predstavljaju blistave mramorne litice, ili one prozaičnije, od svetlucave bele krede, koje su proslavile Rigen. To što je naš brižljivi letopisac sačuvao uspomenu na ogromne blokove granita, nalik stenju u donjoj Bretanji iz njegovog detinjstva, veoma me zbunjuje; i to utoliko više što bi ga njegovo dobro agronomsko obrazovanje, koje rado pominje (ili se čak njime razmeće, kažu zli jezici) moralo sprečiti da ovako nečuveno pogreši; staro karbonsko podnožje kod nas ka severu ne ide dalje od očaravajućeg masiva Harca, gde se, uostalom, dodiruju keltske legende i germanski mitovi: čarobna šuma Perta, koja predstavlja drugu Broselijandu, i mlade veštice iz Valpurgijske noći.

Ova o kojoj sada govorimo i koju u našim porukama vodimo pod šifrovanim imenom GG (ili još 2G) mogla bi biti od najgore vrste, iz nestvarne legije jedva stasalih devojaka u cvetu kojima upravlja arturovsko-vagnerovski demon Klingsor. U naporu da je zadržim pod kontrolom, iz dobrih razloga moram da se pravim kako podležem njenim gotovo svakodnevnim nastranostima, i da se izlažem hirovima čija bih igračka polako mogao postati, a da ne steknem jasnu svest o činima koje me neopozivo, neumoljivo vuku u možda blisku smrt... Ili, još gore, u propast i ludilo.

Već se pitam da li je zaista slučajno to što se ona našla na mom putu. Toga dana cunjao sam oko očeve kuće, gde nisam kročio nogom još od kapitulacije. Znao sam da se Dani vratio u Berlin, ali da stanuje negde drugde, verovatno u ruskoj zoni, manje-više u ilegali, i da se Žo, njegova druga žena, od koje se morao rastaviti 1940, upravo vratila u kuću pod blagoslovom američkih tajnih službi. Prerušivši se uz pomoć lažnih brkova i širokih crnih naočara koja u načelu nosim kada je previše svetlo (kako bih zaštitio oči koje su postale osetljive posle povrede u oktobru '44 u Transilvaniji, pri tom još s putnim šeširom širokog oboda koji mi pada na čelo, nisam se izlagao opasnosti da me moja mlada maćeha prepozna (ima petnaest godina manje od mene) ako bi baš u tom trenutku poželela da iziđe. Stojeći pred odškrinutom kapijom, pravio sam se da me zanima nedavno napravljen natpis na lakiranom drvetu, ukrašen rukom slikanim elegantnim kružnim šarama, koje zacelo predstavljaju vernu kopiju onih na kovanom gvožđu iz 1900. od kojeg je bila napravljena stara ograda, kao da sam baš pošao u potragu za lutkama, ili ih možda i sam prodajem, što u izvesnom smislu ne bi bila netačna pretpostavka...

Podigavši zatim pogled ka još ljupkoj porodičnoj vili, s iznenađenjem sam zaključio (kako to ne primetiti prilikom dolaska?) da je tačno iznad ulaznih vrata sa visokom pravougaonom špijunkom čije je staklo zaštićeno masivnim arabeskama od livenog gvožđa, prozor u sredini na prvom spratu širom otvoren, u čemu, uostalom, nema ničeg neobičnog po ovako toplom jesenjem danu. U otvoru koji je zjapio stajala je ženska osoba za koju sam najpre pomislio da je lutka iz izloga, toliko je njena nepomičnost izgledala savršena kad se gleda izdaleka, a pretpostavka o takvom izlaganju, vidno postavljenom prema ulici, izgledala je, uostalom, savršeno verovatna s obzirom na trgovačku prirodu mesta oglašenu na tabli koja je služila kao reklama. Što se tiče lutke-manekena u prirodnoj veličini koja je izabrana kao mamac da privlači mušterije (ljupka devojka s plavim uvojcima u izazovnom neredu, koja se nudi u bezočno lakoj odeći kroz koju se može više nego naslutiti privlačnost njenih mladalačkih, obećavajućih čari) ona je samo mogla da pojača dvosmisleni – da ne kažemo podvodački – karakter kaligrafski ispisanog oglasa, pošto je trgovina maloletnim fuficama danas, u našoj prestonici u bespuću, bezmalo mnogo raširenija od trgovine lutkama za decu ili voštanim figurama za modne bazare.

Pošto sam se, dakle, potrudio da proverim jezički detalj koji se odnosio na moguća druga značenja natpisa, podigao sam glavu prema gornjem spratu... Slika se promenila. To više nije bio lik iz erotskog muzeja Greven čije se tek propupele čari izlažu na prozoru, nego zaista savršeno živa veoma mlada devojka koja se sada izvijala, koliko preterano, toliko i nerazumljivo, nagnuta napred preko ograde u svojoj providnoj bluzici što se sada jedva držala na jednom ramenu, i čije već opuštene spone su se sada sve više razvezivale. Ipak, njena čak i najpreteranija prevrtanja i izvijanja sačuvala su neobičnu ljupkost, koja je podsećala na kambodžansku nimfu apsaru u delirijumu, koja izvrće i iskreće u svim pravcima svojih šest talasastih ruku, izvanredno tankog struka i labuđeg vrata. Njena kosa boje potamnelog zlata, osvetljena jakim suncem, lepršala je oko anđeoskog lica kao čulni okvir, u zmijolikim plamenim jezičcima kao u gorgone koja se izvlači iz svoje čaure.

Scena koja sledi za ovom prvom pojavom ostaje, još i danas, dirljiva i nežna u mom sećanju. Bilo je to dva dana kasnije, kad je pala noć. Pošto se u to vreme, koje u stvari i nije previše daleko, uopšte nisam opterećivao legalizmom, niti bilo kakvim obzirima da sačuvam privid, organizacija lažnog pokreta otpora protiv nacista kojoj sam pripadao u to vreme nije bila ništa drugo – treba to priznati – nego obična zločinačka mafija (podvođenje, falsifikovani lekovi, pravljenje lažnih dokumenata, otmice bivših dostojanstvenika oborenog režima, itd.) koja je cvetala u senci NKVD, kojem smo dostavljali svakojaka dragocena obaveštenja, a našu značajnu pomoć u posebno opasnim nasilnim akcijama u zapadnim sektorima da i ne pominjemo, ja sam, dakle, naprosto oteo zanimljivu devojku, kako bi je na miru ispitala trojica jugoslovenskih žbira, bivših deportiraca u radne logore prepuštenih samima sebi otkako su ratne fabrike propale i zatvorene.

Tako je ona prebačena u našu centralu u Treptovu, blizu parka, ali u nesigurnoj zoni stovarišta, hangara van upotrebe, porušenih kancelarija, između pruge tovarne stanice i obale. Uprkos blokadi, prelazak demarkacione linije za nas nije predstavljao nikakvu teškoću, čak ni kada bismo među prtljagom nosili nezgodan paket: devojčicu napola urazumljenu obaveznom injekcijom, koja se slabo opire, kao u snu... ili se bar tako pravi. Jer od tog trenutka, učinilo mi se čudno što na svoju otmicu reaguje s tolikom hladnokrvnošću, ili čak bezbrižnošću.

Doktor Huan (Huan Ramires, koga uvek zovemo u stvari po imenu, ali što se na francuskom izgovara kao u *Golfe-Juan*), koji je imao udobna i prostrana ambulantna kola Crvenog krsta, bio je na putu, kao i obično: radi nadzora nad psihološkim ili medicinskim aspektima operacije. Na prelaznom punktu (na mostu na Špreji koji vodi ka Varšauerštrase) on je samouvereno izdao naređenje za internaciju u psihijatrijsku bolnicu u Lihtenbergu, koja je bila pod upravom Narodnog komesarijata. Stražar, impresioniran njegovom lenjinovskom bradicom i uskim čeličnim naočarima, kao i mnogim zvaničnim pečatima stavljenim na dokument, samo je radi forme bacio letimičan pogled na našu mladu zarobljenicu, koju su dvojica Srba u bolničarskim uniformama držala u muškom stisku, ne zadajući joj previše bola. Svi muškarci pokazali su uredne sovjetske propusnice. Devojka je uzela učešća u osmehivanju, s izgubljenim izrazom koji je savršeno odgovarao scenariju. Ali i ovde se možemo začuditi što nije iskoristila policijsku kontrolu kako bi pozvala u pomoć, utoliko pre što – kasnije sam saznao – veoma dobro govori nemački i više nego časno se snalazi u ruskom. Doktor Huan je osim toga jasno rekao da mala injekcija bezopasnog sredstva za spavanje ni u kom slučaju ne može u tolikoj meri da suzi njenu svest o spoljašnjem svetu i o neposrednim opasnostima koje joj prete.

Štaviše, čim su prešli vojni punkt, naša neustrašiva zatvorenica se povratila iz trenutne zatupelosti, iznova živo pokušavajući da nešto vidi kroz prljava stakla, nesumnjivo očekujući da u mrkloj noći, pod gotovo nepostojećim gradskim osvetljenjem, prepozna put kojim se kretao automobil. Da pravo kažem, sabotirala je moj ratni plan. Ono što sam pre svega pokušavao da učinim bilo je da je užasno uplašim. Ali je ona pre izgledala kao da se zabavlja, jer je zahvaljujući nama postala junakinja stripa za odrasle. A kada se pravila kao da želi da pobegne ili da iznenada podlegne panici, to se uvek događalo u odsustvu svedoka spolja i dovodilo do stereotipnih ispada vragolanke koja se igra, koja pravi pozorište.

Kad smo se našli u našem skrovištu, nizu radionica još punih zastarelih mašina koje su možda služile za obradu sirove kože, istezanje, odstranjivanje i spaljivanje dlaka vrelim gvožđem, ali i za dranje, ili naprosto za pažljivo seckanje dragocenog krzna, ili ne znam za šta takvo, mlada devojka je pokazala posebno zanimanje za postrojenja i njihovu problematičnu upotrebu, dižući ili spuštajući pogled prema nogarama, vitlovima i čekrcima, velikim čeličnim lancima koji su se završavali zastrašujućim kukama, površinama sa uspravnim šiljcima, dugačkoj ploči od uglačanog metala sa njenim cilindrom na kompresiju, divovskim cirkularnim testerama s velikim čeličnim zupcima... Nastavljajući tokom ovog prolaska da postavlja neočekivana pitanja na koja još nije bilo nikakvog odgovora, ona bi s vremena na vreme užasnuto zacičala, kao da smo je doveli u posetu nekom muzeju sprava za mučenje, a zatim je, odjednom, stavila ruku na usta da bi prasnula u smeh, bez vidnog razloga, kao srednjoškolka kad ima slobodan dan.

U manje zatrpanoj prostranoj sali koja nam je između ostalog služila kao kancelarija za poslovne sastanke, ali povremeno i za intimnija prepuštanja samoći, odmah je počela da razgleda četiri velika portreta koja su zauzimala zid u dnu, i koja sam ja napravio četkicom, različitim vrstama tuševa (u boji sepije, crnim i mrkim): Sokrat ispija kukutu, Don Žuan s mačem u ruci i ogromnim ničeovskim brkovima, Jov u gomili blata, doktor Faust prema Delakroau. Posetiteljka kao da je potpuno zaboravila da je tu, u načelu, dovedena u položaju male prestravljene zatvorenice, prepuštene na milost i nemilost svojim otmičarima, a nikako ne kao turista. Trebalo ju je, dakle, dovesti u red kako bi se pojavila pred svojim sudijama – pred doktorom i preda mnom – zavaljenim u naše omiljene fotelje, veoma udobne uprkos trošnom stanju koje se svakoga dana malo više pogoršavalo, čija je koža, nekada tamnosmeđa, sada izbledela pod udruženim dejstvom vlažnih zima, korišćenja i lošeg održavanja, takođe pocepana na više mesta, tako da joj je čak kroz jednu trougaonu poderotinu, pod mojom desnom rukom koja je rasejano čeprkala po njoj, izvirio pramen žutih vlakana i riđih konjskih dlaka.

Na deset koraka ispred nas nalazi se, osim toga, i divan od žutocrvene kože u malo boljem stanju, ispod širokog prozora bez zavesa, čije je staklo, podsećajući pre na fabriku nego na stan, grubo zamazano španskobelom bojom. Između tragova boje u magličastim spiralama, uočavaju se uspravne crte jakih šipki zatvorskog izgleda koje sačinjavaju spoljašnju zaštitnu rešetku. Tražeći stolicu na koju da se smesti, naša nepažljiva srednjoškolka htela je da priđe divanu, ali sam joj u nekoliko strogih reči stavio do znanja da ovde nije reč o psihoanalitičkoj seansi, i da bi zato za vreme saslušavanja morala da stoji licem okrenuta prema nama i to nepomično, osim ako joj ne bi bilo naređeno da se pomeri. Poslušala je prilično dragovoljno, saslušavši zatim uz stidljiv osmeh na svojim veoma uzbudljivim usnama naša pitanja koja su dolazila sporo, ne usuđujući se da nas previše posmatra, osim kriomice, bacajući kratke poglede na jednu pa na drugu stranu, poigravajući malo na svoje dve nestrpljive noge i ne znajući tačno šta će s rukama, uprkos svemu pod utiskom našeg ćutanja, naše neme pretnje, naših nepomičnih lica.

S njene desne strane (dakle, s naše leve) naspram četiri amblematične osobe drage danskom filozofu, ceo zid zauzimaju mutna prozorska stakla na radionici. Neki od dugih pravougaonika sasvim pri vrhu su razbijeni, verovatno usled održavanja ili nasilja; listovi prozirnog papira skrivaju polomljena mesta i nedostatke. S druge strane, prostorija kroz koju smo u dolasku prošli bila je jarko osvetljena (u svakom slučaju mnogo više od naše) kao reflektorima, i obrisi naših jugoslovenskih stražara ocrtavali su se poput kineskih senki na osvetljenoj staklenoj pozadini, paradoksalno se uvećavajući kada bi se udaljavali od nas prema jednom od izvora svetlosti, od čega je izgledalo kao da, naprotiv, krupnim koracima jure u našem pravcu, da bi za svega nekoliko trenutaka postali titani. Ove lažne projekcije su se neprestano premeštale, nestajale, iznova se pojavljivale, naglo se približavale, mimoilazile se kao da tela prolaze jedno kroz drugo, tako da su na trenutak mogle steći jednako zastrašujuća koliko i natprirodna prisustva i dimenzije. Devojčica, kojoj je bilo sve neprijatnije i koja je postajala sve bezizražajnija, tada mi se konačno učinila spremna za predviđeni nastavak operacije.

Najpre sam joj se obratio na nemačkom, ali pošto je ona u svojim pitanjima i komentarima najčešće koristila francuski, odlučio sam da ubuduće nastavim na Rasinovom jeziku. Kada sam joj oštrim i bespogovornim tonom rekao da se skine potpuno gola, ona je podigla kapke veoma visoko prema nama, usta su joj se malo otvorila, zelene oči još su se raširile, dok je doktora i mene naizmenično gledala u lica, pomalo s nevericom. Ali njen bledi osmeh je nestao. Izgleda da je otkrila da se ne šalimo, da smo navikli da nas slušaju bez pogovora i da raspolažemo – kako se moglo pomisliti – svim neophodnim sredstvima prisile. Brzo se pomirila s tim, nesumnjivo smatrajući da takva vrsta saslušavanja mora biti najmanja stvar u položaju u kojem se našla kao uzbudljiv plen. Pošto je oklevala tačno onoliko koliko je bilo potrebno kako bismo procenili (suptilna pažnja koja je trebalo da podstakne naše uživanje?) veličinu žrtve koja joj je nametnuta tako neumerenim zahtevom, počela je da se svlači veoma umiljato, očaravajućim pokretima pritvornog stida, silovane nevinosti, mučenice pod prisilom brutalne sile njenih dželata.

Pošto je na tom početku jeseni vladala bezmalo letnja vrućina, čak i uveče, mlada devojka nije nosila bogzna koliko odeće. Ali svaki komad skidala je sa sporošću i naizgled uz ogromno ustezanje, ipak bez ikakve sumnje dovoljno ponosna na ono što je otkrivala toj komisiji stručnjaka, napredujući kako je traženo. Kada je, uz neophodna krivljenja, izvijanja i savijanja, na kraju skinula male bele gaćice, prepustila se našim ispitivačkim pogledima, i namerno izabravši da radije pokrije svoj stid nego delikatne intimne delove, podigla je ruke do lica kako bi ga sakrila obema šakama, raširenih prstiju između kojih sam video kako joj blistaju zenice. Zatim je još trebalo da izvede nekoliko prilično sporih okreta oko sebe, kako bi nam dopustila da je na miru pogledamo iz svih uglova. I sa svih strana je bilo zaista lepo, statueta oblikovana kao očaravajuća ženska lutka koja je upravo procvetala.

Doktor joj je uputio kompliment, glasno navodeći pojedinosti – u očiglednoj nameri da pojača zbunjenost jednog tako dopadljivog predmeta – izvanrednost izloženih čari, insistirajući na elegantnoj vitkosti struka, oblinama bokova, dve duboke jamice na izvijenim krstima, tananu zaobljenost malih guzova, već jako naglašene mlade dojke s diskretnim bradavicama čiji vršci su, međutim, ljupko ukrućeni, istančanost pupka, i konačno pubis, punačak i ljupko ocrtan pod još paperjastim, mada bujnim zlatnim runom. Naglasimo da je Huan Ramires, koji se bliži šezdesetoj, nekada bio stručnjak za poremećaje dece u prepubertetsko doba. Godine 1920. on je s Karlom Abrahamom učestvovao u osnivanju Berlinskog instituta za psihoanalizu. Poput Melani Klajn, sam je nastavio da se bavi didaktičkom analizom po Abrahamu kada je ovaj prerano umro. Možda pod uticajem svoje već ugledne koleginice, i sam je, osim toga, radio na preuranjenoj dečijoj agresivnosti, ubrzo se posvetivši naročito slučajevima devojčica ili preadolescentkinja.

Ova, nesigurnim glasom, sada pita hoćemo li je silovati. Ja je odmah razuveravam: doktor Huan je upravo ocenio njen akt prema objektivnim estetskim kriterijumima, ali ona je očigledno već previše formirana za njegov lični ukus, koji ne odstupa od stroge pedofilije. Što se mene tiče, ona savršeno zadovoljava – treba priznati – moje najdublje ukorenjene seksualne fiksacije i anatomske fetiše, i čak u mojim zadivljenim očima predstavlja neku vrstu ideala ženskog, ali sam ja, po pitanju erosa, pristalica nežnosti i nenapadnog ubeđivanja. Čak i kada je reč o tome da treba izvući ponižavajuće zadovoljenje želja ili sprovesti ljubavnu praksu nedvosmisleno surove vrste, potreban mi je pristanak partnerke, odnosno, veoma često, moje žrtve. Nadam se da je nisam previše razočarao ovakvim priznanjem altruizma. Kada se bavim svojom profesijom, razume se, to je nešto sasvim drugo, kao što joj preti opasnost da uskoro sazna, ako ne pokaže dovoljno spremnosti da odgovara na naša pitanja. To će biti, neka dobro zna, samo za potrebe naše istrage.

„A sada ćemo", kažem, „preći na preliminarno saslušanje. Podići ćeš ruke iznad glave, jer treba da ti vidimo oči dok govoriš, kako bismo znali da li zaista govoriš istinu, ili laži, ili pak poluistine. Kako ti uopšte ne bi teško palo da dugo ostaneš u tom položaju, možemo ti olakšati stvari." Doktor, koji je izvadio beležnicu i olovku da bi zapisao neke tačke iskaza, pritiska zvonce koje mu se nalazi nadohvat leve ruke, i istog trenutka se pojavljuju tri mlade žene, odevene u stroge crne uniforme koje su verovatno pripadale nekom pomoćnom korpusu valkira bivše nemačke vojske. Bez reči i brzinom profesionalki naviklih na ekipni rad, one dohvate malu zatvorenicu snažno i bez ikakvog nepotrebnog nasilja, vežu joj zglobove na rukama kožnim narukvicama za dva teška lanca kao čudom spuštena s tavanice, dok joj gležnjeve po istom metodu vezuju za dve velike gvozdene alke koje izbijaju iz poda, razmaknute otprilike jedan korak.

Tako joj noge ostanu veoma raširene, i okrenuta je prema nama, u možda malo nepristojnom položaju, ali to širenje nogu – u kojem nema ničega prete-

ranog – pružiće joj bolji oslonac u dugotrajnom sto-
jećem stavu. Okovi, uostalom, nisu prekomerno za-
tegnuti, ništa više nego lanci koji drže ruke u vazdu-
hu s obe strane zlatnih vlasi, tako da telo i noge još
mogu da se pomeraju, ali ipak u prilično uskim gra-
nicama, razume se. Naše tri pomoćnice postupale su
s toliko prirodnosti i lakoće, toliko preciznosti u po-
kretima, toliko dobro usklađenim pokretima i brzi-
nom, da naša mlada zatočenica nije imala vremena ni
da shvati šta joj se događa, pustivši da s njom rade šta
hoće i ne pružajući ni najmanji otpor. Na njenom ne-
žnom licu samo se ocrtala mešavina začuđenosti, ne-
određenog straha i neka vrsta psihomotoričnog pore-
mećaja. Ne želeći da joj ostavim vremena za
razmišljanje, počinjem s ispitivanjem ne gubeći vre-
me, i odgovori stižu odmah, gotovo mehanički:
     „Ime?
     – Ženevjev.
     – Uobičajeni nadimak?
     – Žinet... ili Žiži.
     – Majčino ime?
     – Kastanjevica. K, A, S... (izgovara reč slovo po
slovo) zvana Kast na pasošu koji obično koristi.
     – Očevo ime?
     – Otac nepoznat.
     – Datum rođenja?
     – Dvanaesti mart hiljadu devetsto trideset pete.
     – Mesto rođenja?
     – Berlin-Krojcberg.
     – Nacionalnost?
     – Francuska.
     – Zanimanje?
     – Gimnazijalka.“
     Pogađamo da je često morala popunjavati isti
formular o identitetu. Za mene, naprotiv, to nije bez

teškoća: imamo, dakle, posla sa ćerkom Jo, za koju sam, međutim, verovao da je ostala u Francuskoj. Erotični predmet mojih trenutnih žudnji tako bi bila moja polusestra, jer ju je, kao i mene, izrodio mrski Dani fon Brike. Mada, stvari nisu tako jasne. Ako navodni otac nikada nije hteo da prizna dete, niti da se zvanično venča s mladom majkom, u vreme začeća već dva meseca svojom zvaničnom ljubavnicom, to je bilo zato što je znao za ljubavnu vezu koju je njegov nedostojni i prezreni sin prvi imao s lepom Francuskinjom, a ti odnosi su se, štaviše, nastavili i tokom veoma dugog prelaznog perioda. Despot starog kova, koji je najpre iskoristio odvratno vlastelinsko pravo prve bračne noći, na kraju ju je zadržao samo za sebe. Žoel, bez sredstava, slobodna beskućnica, malo izgubljena u našem dalekom Brandeburgu, nije imala ni osamnaest godina. Dopustila je da je ubedi ugledni oficir, uostalom, zgodan čovek, koji joj je pružio materijalnu udobnost i obećao brak. Njen pristanak na prividno lagodan položaj bio je sasvim razumljiv i oprostio sam joj... Njoj, ali ne i njemu! U svakom slučaju, s obzirom na datum rođenja privlačne devojke, savršeno lako je mogla biti i moja sopstvena ćerka, i ona njena arijevska nordijska put dolazila bi joj od dede, u čemu ne bi bilo ničega izuzetnog.

Pogledao sam veličanstvenu Žiži novim očima. Više uzbuđen nego zbunjen zaokretom koji je napravila njena neočekivana otmica, dirnut možda i nekom neodređenom željom za osvetom, nastavio sam saslušavanje: „Već si dobila mesečnicu?" Devojka je, nemo klimajući glavom, priznala tu zrelost kao da u njoj ima nečega sramnog. Nastavio sam u tom zanimljivom pravcu: „Još si devica?" Istim onakvim klimanjem odgovorila je da jeste. I pored hrabrosti, koja je uprkos svemu počinjala da slabi, pocrvenela je pred kliničkom nepristojnošću pitanja: najpre čelo i obrazi, zatim sva njena naga put od grudi do trbuha, obojili su se u jarko ružičasto. Oborila je pogled... Posle prilično dugog ćutanja, pošto je zatražio moje odobrenje, Huan je ustao da na optuženici obavi profesionalni pregled vagine, koji je, čak i uz velike predostrožnosti, kod nje izazvao trzaj, ako ne od bola, a ono bar iz pobune. Malo se otimala u svojim okovima, ali, u nemogućnosti da skupi butine, nije mogla izbeći lekarski pregled. Huan je zatim ponovo seo i mirno izjavio: „Ova devojčica je bezočna lažljivica."

Naše policijske pomoćnice ostale su prisutne, malo po strani, čekajući da se ponovo ukaže potreba za njima. Na znak koji sam dao, jedna je prišla osuđenici, noseći u desnoj ruci bič od kože čija se tanka šiba, meka, mada prilično čvrsta, završava krutim vrhom kojim je lako rukovati. S tri ispružena prsta pokazao sam stepen zaslužene kazne. Vešto poput krotiteljke, izvršiteljka je smesta po zbog položaja malo razmaknutim guzovima zadala tri oštra i precizna udarca, prilično razdvojena jedan od drugog. Mala se svaki put uvijala pod ugrizima biča otvarajući usta u bolnom grču, ali se uzdržavala da ne vrišti i da ne stenje.

Veoma dirnut ovim prizorom, poželeo sam da je nagradim za hrabrost. Prišao sam joj, dok je izraz sažaljenja sakrivao koliko je to bilo moguće moju halapljivu, ako ne i izopačenu želju, i video sam, od pozadi, slatke male sveže išibane sapi: tri jasno ocrtane crvene linije, ukrštene, bez ikakvog traga ozlede, čak ni ovlašne, na nežnoj koži čiju sam glatkoću, osim toga, mogao da osetim pod blagim dodirom. Ubrzo sam drugom rukom zavukao dva, pa onda tri prsta u njenu prijatno vlažnu vulvu, što me je podstaklo da joj nežno protrljam klitoris, pažljivo i polako i sa savršeno očinskom dobronamernošću, ne insistirajući previše, uprkos tome što je malo ispupčenje na telu odmah nabubrelo i što je drhtaj potresao celu karlicu.

Vrativši se na svoje mesto naspram nje, posmatrao sam je s ljubavlju, dok se celo njeno telo talasalo od blagih potresa, možda zato da bi se smirilo od udaraca zadatih tokom kratkog kažnjavanja, koji su još brideli. Osmehnuo sam joj se i ona je počela da mi uzvraća nesigurnim osmehom, kad je, odjednom, briznula u nemi plač. I to je bilo savršeno očaravajuće. Pitao sam je da li zna čuveni aleksandrinac njenog velikog nacionalnog pesnika: „Voleo sam čak i suze koje je zbog mene plakala." Promrmljala je kroz plač:

„Izvinite što sam lagala.

– Jesi li još nešto netačno kazala?

– Jesam... ne idem više u školu. Ja sam zabavljačica u jednom kabareu u Šenebergu.

– Koji se zove kako?

– *Die Sphinx*."

Nešto mi je postalo sumnjivo. Njeno anđeosko lice u naletima mi je vraćalo u sećanje jednu neuhvatljivu noćnu uspomenu. Redovno sam odlazio u *Sphinx* (ili tačnije, u Sfingu), i dok sam, trenutak ranije, kažiprstom i srednjim prstom, prodirao u mladalačku vulvu, u potpuno vlažan procep njene male madlene, zaodevene tek izniklim svilenkastim krznom, spontano se pokrenuo proces sećanja: već sam je milovao ispod školske suknje u onom veoma intimnom prigodno zamračenom baru u kojem su sve kelnerice ljubazne, manje-više zrele devojčice.

Zar nije trebalo, međutim, naterati je da prođe i kroz ostala iskušenja, pa makar to bilo samo u vidu moralnog alibija koji bi opravdao njeno prisustvo u našim kandžama? Upalio sam cigaru, i pošto sam povukao nekoliko dimova da bih razmislio, rekao sam: „Sada ćeš nam ispričati gde se krije tvoj navodni, mada nezakoniti roditelj, oberfirer fon Brike." Zatvorenica, odjednom obuzeta teskobom, očajnički je pravila odrične pokrete, mašući svojim zlatnim kovrdžama desno i levo:

„Ne znam, gospodine, zaista ništa ne znam. Nikada više nisam videla tog navodnog oca, otkako se mama vratila sa mnom u Francusku, ima tome bezmalo deset godina.

– Slušaj dobro: lagala si prvi put tvrdeći da još ideš u školu, lagala si drugi put o svojoj navodnoj nevinosti, a da i ne računamo onaj vrlo nepotpun odgovor, kada si govorila o „nepoznatom ocu". Sasvim je moguće, dakle, da slažeš i treći put. Zato smo primorani da te malo mučimo – možda čak i mnogo – sve dok ne priznaš sve što znaš. Opekotine od užarenog vrha cigare užasno su bolne, naročito kada se primenjuju na posebno osetljivim i ranjivim mestima čiji položaj možeš pogoditi bez po muke... Miris svetlog duvana zatim će biti samo još prijatniji, mirisaće na mošus..."

Ovog puta moja mala sirena s Baltika (čije su noge ovde bile široko rastavljene) brizne u grčevit, očajnički plač, mrmlja nepovezane molbe, kune se da ne zna ništa od onoga što hoćemo od nje da saznamo, preklinje da se sažalimo na njeno divno sredstvo za zarađivanje hleba. Pošto nastavljam da mirno povlačim dim iz svoje havane (jedne od najboljih koje sam popušio) gledajući je kako se uvija i cvili, ona uspeva da nađe informaciju koja bi mogla

– nada se – da nas uveri u njenu dobru volju, koja je, uostalom, očigledna: „Poslednji put videla sam ga kad sam imala samo šest godina... Bilo je to u skromnom stanu u centru, koji je gledao na Žandarmenmarkt, mesto koje sada čak više ne postoji...

– Vidiš – kažem joj – da nešto znaš i da si nas ponovo slagala tvrdeći suprotno."

Odlučno ustanem iz fotelje kako bih joj prišao, dok ona širom otvara oči i usta, odjednom paralisana od zadivljujućeg straha. Oštrim udarcem kažiprstom otresem cilindar sivog pepela s vrha cigare, iz koje odmah povučem nekoliko uzastopnih dimova kako bih što više raspalio žar, i pravim se da ću ga primaći ružičastom kolutu oko ukrućene bradavice. Pretnja mukama izvlači iz pritvorenice dug krik užasa.

Tada dolazi do očekivanog raspleta. Ispustim ostatak havane na pod. Zatim, s velikom blagošću i beskrajnom nežnošću, zagrlim svoju okovanu žrtvu i šapućem joj reči ljubavi, sentimentalne i nerazumne, ali ipak začinjene, kako bih izbegao preteranu sladunjavost, s nekoliko šokantnih pojedinosti koje, uostalom, spadaju u rečnik sladostrašća, što će reći, prilično sirovu pornografiju. Žiži o mene trlja trbuh i grudi, kao dete koje je upravo izbeglo neku užasnu opasnost i nalazi spas u zaštitničkim rukama. Pošto može samo da traži, jer je vezana, ona pruža vlažne mesnate usne da ih poljubim, i uzvraća mi na poljupce s jako uverljivom, mada nesumnjivo namerno preteranom strašću. Kad joj se moja desna ruka, ona koja joj umalo nije mučila vrhove dojki, spusti niz zadnjicu sve do širom razmaknutih guzova, primećujem da moja mlada lovina upravo piški u kratkim trzajima koje ne uspeva da obuzda. Kako bih je ohrabrio i tako požnjeo plodove svoga rada, smeštam prste u samo izvorište tog vrela, iz kojeg tada pokulja u dugim, grčevitim mlazovima, i moj savladani plen se prepušta svojoj predugo suzdržavanoj želji, dok se iz nje u slapovima diže, pomešan s još ne sasvim osušenim suzama, bistar i zvonak smeh devojčice koja je upravo otkrila novu, pomalo odvratnu igru. „Eto", kaže doktor, „vešto sprovedenog ubeđivanja!"

Ali baš u tom trenutku s moje leve strane odjekne snažna lupa razbijenog stakla na mutnoj pregradi koja nas odvaja od susedne prostorije.

AR, još zadubljen u posmatranje zagonetne freske na zidu koja predstavlja prozor u dečijoj sobi u kojoj je spavao, zadržavši se posebno na onoj devojčici u prirodnoj veličini koja kuca u staklo (koje je i samo obična varka) kako bi zatražila pomoć, i koja je toliko prisutna – ne samo rukom koju je ispružila napred, nego naročito onim anđeoskim licem užarenim od uzbuđenja, s krupnim zelenim očima što su postale još veće usled uznemirenosti zbog pustolovine, ustima, čije su blistavo mesnate razmaknute usne na ivici da ispuste dug krik straha – i toliko blizu da bi čovek pomislio da je već ušla u sobu, AR se, dakle, trgne kad čuje iza sebe kristalni zvuk polomljenog stakla.

Živo se okrene ka suprotnom zidu. U levom uglu sobe, u razjapljenoj rupi vrata, stoji Žiži, još odevena u školsku haljinicu s okruglim okovratnikom od bele čipke, gledajući na podu pod nogama svetlucave krhotine koje liče na ostatke čaše za šampanjac, razbijene i rasejane u komade. Najveći među njima – i najprepoznatljiviji – sastoji se od nožice, na kojoj stoji još samo stakleni šiljak, britak kao stilet sa

103

zakrivljenom oštricom. Mlada devojka, koja preko ruke nosi presavijen kaput ili ogrtač, napravila je bespomoćan izraz lica, od čega joj se u zbunjenosti razmiču usne, kapaka spuštenih ka iznenadnoj nevolji. Kaže:

„Donela sam vam čašu šampanjca... Ispala mi je iz ruku, ne razumem kako...“ Zatim, podigavši pogled, odmah pronalazi onaj svoj ton pun samouverenosti: „Ali šta vi tu radite već sat vremena, još u pidžami, stojite kao ukopani pred tom besmislenom slikom? Ja sam imala vremena da popijem čašicu s prijateljima, koji su dole s majkom, i da se spremim za veče na poslu... Sad moram da krenem, ili ću zakasniti...   .

— To gde radiš, to je neko zloglasno mesto?

— Nađite vi meni u Berlinu neko mesto na dobrom glasu, među svim ovim ruševinama koje su ostale posle kataklizme! Kao što kaže ovdašnja poslovica: kurve i lupeži uvek preteknu popove! Nema vajde zatvarati oči pred time... A i opasno je!

— A klijenti su samo saveznički vojnici?

— Zavisi od dana. Ima i pustolova svake vrste: izanđali špijuni, podvodači, psihoanalitičari, avangardne arhitekte, ratni zločinci, pokvareni poslovni ljudi sa svojim advokatima. Jo smatra da tamo dolazi sve što je potrebno da bi se iznova izgradio jedan svet.

— A kako se zove ta jazbina?

— Ima ih koliko hoćete duž cele severne ivice Šeneberga, od Krojcberga, pa sve do Tirgartena. Lokal u kojem ja radim zove se *Die Sphynx*, što na nemačkom znači 'Sfinga'.

— Govoriš nemački?

— Nemački, engleski, italijanski...

— Da li neki od jezika posebno voliš?“

Plavi čuperak joj pada ispred usta, i Žiži se zadovolji time da, u znak odgovora, reklo bi se, isplazi ružičasti vršak jezika i mesnatim usnama uhvati nestašni čuperak. Oči joj čudno sijaju. Usled vešte šminke, ili pod dejstvom neke droge? Kakvo li je to vino popila? Pre nego što nestane, izgovori još nekoliko brzih rečenica: „Stara dama koja će doći da vam donese večeru pokupiće komade stakla. Ako već ne znate, toaleti su u hodniku: desno, pa onda levo. Ne smete da izlazite iz kuće: još ste previše slabi. Vrata koja vode na donji sprat su, uostalom, zaključana."

Smešna klinika, misli AR, koji se osim toga pita da li zaista želi da napusti ovo uznemirujuće stanište, u kojem je, po svoj prilici, zatvorenik. Šta se desilo s njegovom odećom? Otvara vrata velikog ormara s ogledalom. U delu u kojem su stvari okačene o vešalice, visi muško odelo, ali očigledno nije njegovo. Ne razmišljajući više o tome, vraća se slici rata i sopstvenom liku kao vojnika, ili barem slici čoveka koji liči na njega uprkos okrvavljenom povezu koji mu prekriva oči, i onoj Žiži iz srednje Evrope koja ga vodi za ruku. Tek tada primećuje detalj varke koji mu je promakao: prozor koji dodiruje milosrdna devojčica predstavlja zvezdastu pukotinu, čije središte je smešteno tačno na mesto u koje je udarila njena mala pesnica. Krivudave linije koje odatle polaze kroz navodno debelo staklo, sijaju u dugačkim svetlosnim trakama poput neopipljivih metaliziranih odsjaja koje su bacali avioni u napadu kako bi onemogućili da se odredi njihov položaj.

ČETVRTI DAN

U sobi broj 3 u hotelu Saveznici, AR-a je grubo pro-
budilo iznenadno brundanje američkog četvoromo-
torca, nesumnjivo teretne verzije B17, koji je upra-
vo uzleteo s obližnjeg aerodroma Tempelhof. Letovi
su tu zacelo manje brojni danas nego u vreme vaz-
dušnog mosta, tokom blokade, ali su i dalje veoma
prisutni. Između dvostrukih zavesa ostavljenih u
dnevnom položaju, razmaknutih na obe strane, ceo
prozor koji gleda na kraj presečenog mrtvog kanala
tako se uznemirujuće trese kada prođe avion, čija vi-
sina je, mora biti, još manja nego obično, da se mo-
glo pomisliti da je svo staklo neizbežno osuđeno da
se rasprsne, i da će se zveka polomljenih okana koja
će zatim u komadima pasti na patos, jedno za dru-
gim, pomešati s bukom aviona koji se udaljava dobi-
jajući na visini. Uveliko je dan. Putnik se uspravlja i
seda na ivicu kreveta, srećan što je umakao toj do-
datnoj nezgodi. Njegov duh toliko je pomućen da ni-
je sasvim siguran gde se nalazi.

Kada je ustao, s nekom vrstom nelagodnosti ko-
ja nije prestajala u celom telu i udovima, kao i u fun-
kcionisanju mozga, vidi da su vrata (koja se nalaze
naspram prozora) širom otvorena. U razjapljenom
otvoru stoje dve nepomične prilike: ljubazna Marija
koja nosi pun poslužavnik, i za njom, ali nadvisuju-

106

ći je za celu glavu i ramena, jedan od braće Maler, verovatno Franc, sudeći po odbojnom glasu koji najavljuje, agresivnim prekornim tonom: „Ovo je doručak, gospodine Val, koji ste naručili za ovo vreme." Muškarac, čiji stas izgleda još prekomerniji nego u sali u prizemlju, odmah nestane u pravcu mračnih dubina hodnika u kojem je primoran da se pogne, dok krhka kelnerica uz svoj najlepši osmeh ostavlja poslužavnik na stolu skromnih razmera, sasvim blizu prozora, koji putnik nije primetio kada je zaposeo ovo mesto (juče? prekjuče?) i koji takođe, mora biti, služi kao pisaći sto, jer devojka, pre nego što postavi tanjire, šolje, korpice, itd., sklanja svežanj belih listova trgovačkog formata bez zaglavlja, kao i olovku koja kao da čeka onoga ko će njome pisati.

AR je, u svakom slučaju, sada ubeđen u jedno: vratio se u svoju hotelsku sobu i tu je proveo kraj nemirne noći. Međutim, iako je svestan da se vratio vrlo kasno, ne seća se da je tražio da ga probude, ma u koje doba, i sada je propustio priliku da zatraži od neljubaznog gazde da mu to ponovi na manje neodređen način, čime bi nadoknadio to što nema sat koji ispravno radi. Uostalom, reklo bi se da je pojam vremena, tačnog ili bar približnog, izgubio bilo kakvu važnost u njegovim očima, možda zato što je njegov specijalni zadatak odložen, ili se to desilo možda tek od trenutka kada se zadubio u posmatranje ratne slike koja ukrašava njegovu dečiju sobu kod materinske i uznemirujuće Jo. Odista, počevši od neke vrste mentalne zabludelosti koju je izazvao taj dvostruko slepi otvor, zazidan teškom varljivom slikom čiji smisao je odsutan, niz događaja tokom noći ostavljaju u njemu neprijatan utisak nepovezanosti, istovremeno uzročnoj i vremenskoj, u nizu događaja između kojih kao da nema druge veze osim što slede jedan za drugim (što mu ne dozvoljava da konačno utvrdi njihovo mesto) od kojih su neki obojeni prijatnom čulnom slašću, dok drugi kao da pre potiču iz košmara, ako ne i iz jakog grozničavog bunila.

Kada je Marija završila sa postavljanjem jutarnjeg obroka, AR, koji neprestano iznova i iznova čuje rečenicu koju je izgovorio zli Maler, umesto da zatraži objašnjenje onog dvosmislenog „u ovo vreme", pita kelnericu koja je krenula napolje, na pojednostavljenom, ali jasnom nemačkom, otkuda to ime Val koje mu pripisuju. Marija ga pogleda očima razrogačenim od iznenađenja, i na kraju kaže: „*Ein freundliches Diminutiv, Herr Walter!*", što je rečenica koja kod putnika ponovo izaziva zbunjenost. Dakle, ta „prijateljska" skraćenica nije od prezimena Valon, nego od imena Valter, koje on nikada nije nosio i ne nalazi se ni u jednom dokumentu, niti pravom, niti lažnom.

Mlada sobarica iščezne, ljubazno se naklonivši pre nego što je zatvorila vrata, i AR, prepušten sam sebi, gricne nekoliko komadića raznih hlebova, biskvita ili bezukusnog sira. Razmišlja o nečemu drugom. Pošto je odgurnuo tu hranu pristiglu u pogrešan čas za kojom nema nikakvu želju, vraća čist papir na sredinu stola, ispred svoje stolice. I brinući pre svega o tome da uvede malo reda – ako je to još moguće – u isprekidan, promenljiv, neuhvatljiv niz različitih noćnih dogodovština, pre nego što se one rasprše u magli lažnih sećanja, prividnog zaborava ili nasumičnog nestajanja, dakle, dok se potpuno ne ispretura, putnik bez oklevanja nastavlja da piše izveštaj, za koji se priboja va da sve više izmiče njegovoj kontroli:

Pošto je Žiži otišla za svojim mutnim poslom, otišao sam da sa praga na još otvorenim kućnim vratima pokupim onaj bodež od stakla koji je čaša šampanjca napravila kada se polomila. Dugo vremena pažljivo sam ga razgledao iz različitih uglova. Istovremeno krhak i surov, u nekoj prilici bi mi mogao poslužiti kao odbrambeno oružje, ili pre kao pretnja, ako bih poželeo, na primer, da nekog čuvara ili čuvarku primoram da mi preda ključeve zatvora. Za svaki slučaj sam, dakle, stavio opasni predmet na policu u ormaru, uspravno na netaknutoj nožici, pored tanke balske cipele prekrivene svetlucavim plavim šljokicama koje su predstavljale dalek odsjaj duboke vode u podnožju hridi na Baltičkom moru.

Zatim, pošto je prošao izvestan period vremena koji je teško utvrditi, stigla je starica odevena u crno, noseći na malom poslužavniku nešto što je ličilo na K porciju američke vojske: hladan pileći batak, nekoliko kriški svežeg paradajza (blistavih, pravilnih, lepe, hemijski crvene boje) i čašu od prozirne plastike koja je sadržala neku smeđkastu tečnost, koja je mogla biti koka-kola bez pene. Stara dama nije izgovorila ni reč dok je prilazila da svoje ponude ostavi na mom dušeku. Odlazeći, još nema i uzdržana, videla je krhotinu slomljenog stakla na podu i zadovoljila se time što ga je, prethodno bacivši na mene optužujući pogled, nogom odgurnula u ugao zida.

Pošto nije bilo nikakve druge stolice, pojeo sam paradajz i piletinu na jednom od dečijih kreveta, na onom na kojem je jastuk nosio rukom vezeno veliko gotičko M. Premda još jednom u nedoumici oko toga da li sam žrtva droge ili otrova, usudio sam se i da vrhovima usnama probam sumnjivu tečnost, crnkasto-zarđale boje, koja je u svakom slučaju bila mnogo manje loša od koka-kole. Pri drugom gutljaju, čak sam ustanovio da je dobra, verovatno s dodatkom alkohola, i na kraju sam popio celu čašu. Nisam ni pomislio da upitam za vreme svoju posetiteljku, čiji ne baš prijatan izgled nije nimalo podsticao na razgovor. Kruta tamničarka, dugačka, mršava i crna, izgledala je kao da je izišla iz antičke tragedije postavljene na scenu prema posleratnim običajima. Ne sećam se više da li sam, ponovo se pruživši na svom dušeku, opet utonuo u san, ili nisam.

Malo kasnije, Jo je stajala iznad mene, obema rukama držeći belu šolju stavljenu na tanjirić koji je dobro pazila da drži vodoravno, što je, dakle, ponavljanje ranije sekvence o kojoj sam već govorio. Ali ovog puta, njena blago talasasta blistava crna kosa rasula joj se po plećima, i njena mlečna put videla se na nekoliko mesta kroz čipku i gazu providnog negližea za prvu bračnu noć, pod kojim se nije naziralo nikakakvo rublje i koji je padao do bosih nogu. I ruke su joj bile gole, oble i čvrste pod gotovo nematerijalnom satenskom kožom. Potpuno glatka pazuha zacelo su bila izbrijana. Malje na pubisu tvorile su ravnokraki trougao, mali ali jasno ocrtan, veoma taman pod nemirnim naborima vela.

„Nosim vam šolju lipovog čaja", promrmljala je stidljivo, kao da se plaši da će me probuditi, iako su mi oči bile širom otvorene, gotovo uspravno podignute ka njoj. „Neophodan je uveče, da dobro spavate i da nemate loše snove." Naravno, odmah sam pomislio na večernji poljubac mame vampira koji je njenom dečaku potreban kao poputnina, da pronađe spokoj. Da moj ležaj nije bio bez čaršava, ona bi me bez sumnje ušuškala u krevet pre nego što bi me poljubila poslednji put.

Sledeća slika, međutim, pokazuje je, u istoj odeći i ponovo nadnetu nad moje lice, ali na kolenima, opkoračivši me široko razmaknutih butina, s mojim ukrućenim udom u njoj, oko kojeg ona blago meša sporo se ljuljajući, podrhtavajući, klateći se, pa odjednom jače ljuljanje, kao što čini okean milujući stenje... Naravno da nisam bio ravnodušan prema brižnosti s kojom je tako sa mnom vodila ljubav; ipak, bio sam neobjašnjivo odsutan, nalazio se u nekoj vrsti drugačijeg stanja: iako sam živo osećao telesno zadovoljstvo, nisam osećao kao da se sve to mene zaista tiče. Mada u takvim prilikama rado preuzimam svaku inicijativu, ne obraćajući previše pažnje na inicijative svoje partnerke, te noći prepustio sam se upravo suprotnoj situaciji. Imao sam utisak da me siluju, ali to nisam smatrao za neprijatno, naprotiv, samo možda malo besmisleno. Zavaljen na leđima, nepokretnih ruku, mogao sam snažno da uživam iako sam, da tako kažem, ostao odsutan iz samog sebe. Bio sam poput napola zaspale bebe koju majka svlači, sapunja, dugo kupa i najmanji prevoj, ispira, trlja, posipa talkom, koji zatim rasipa ružičastom paperjastom peruškom, sve pričajući mi nežno i odlučno, što za mene predstavlja umirujuću muziku u čiji smisao, koji mi izmiče, i ne pokušavam da prodrem... Sve mi ovo i dalje, kad bolje razmislim, izgleda potpuno suprotno onome što verujem da znam o svojoj prirodi, utoliko pre što je ova materinska ljubavnica mnogo mlađa od mene: ima trideset i dve godine, a ja četrdeset i šest! Kakvu je drogu – ili čarobni napitak – sadržala moja koka-kola?

U nekom drugom trenutku (da li je to bilo pre ovoga što prethodi? Ili, naprotiv, odmah posle?) nad moje poslušno telo se nadneo neki lekar. Položili su me nauznak (od glave do kolena, savijenih ka podu) na jedan od dva previše kratka dečija kreveta, radi pregleda. Lekar je sedeo pored mene na kuhinjskoj stolici (otkud ona?) i učinilo mi se da sam tog čoveka već ranije video. Njegove retke reči, uostalom, nagoveštavale su da me ne posećuje prvi put. Imao je bradicu, brkove i ćelu kao Lenjin, oči u tankim usecima iza naočari sa čeličnim okvirima. Merio je nešto različitim tradicionalnim instrumentima, naročito u vezi sa srcem, i svoja zapažanja beležio u notesu. Pomislio sam da je jednako moguće i da ga nikada nisam video: možda je samo ličio na fotografiju nekog slavnog špijuna ili nekog ratnog zločinca, koja se pojavila u više navrata u skorašnjoj francuskoj štampi. Ostavljajući me, rekao je neosporno kompetentnim tonom da neizostavno treba napraviti analizu, ali nije rekao analizu čega.

I evo, prilika koja se sada vraća je Jo. Mada se ovaj završni prizor odvojio od svega ostalog, mora biti da pripada istoj lascivnoj sceni: telo mlade žene još je obavijeno istim vazdušastim naborima gaze i ona me još miluje na isti način. Ali bedra su joj povijena u luk, prsa uspravna, čak se povremeno izvijaju unazad. Njene podignute ruke se uvijaju, kao da očajnički pliva kako bi pobegla od plime čipki i muslina koja je potapa. Usta joj se otvaraju da udahne vazduh koji postaje sve ređi u tečnom elementu. Vlasi joj lete oko lica kao zraci crnog sunca. Dug, promukao krik polako joj zamire u grlu...

A sada sam ponovo sam, ali više nisam u dečijoj sobi. Lutam hodnicima tražeći kupatilo, u kojem sam, međutim, bio već najmanje dva puta. Kao da su gotovo neosvetljeni dugački hodnici, iznenadna račvanja, zavoji pod pravim uglom, prolazi koji nikuda ne vode, postali beskonačno brojniji, složeniji, zamršeniji. Spopada me strah da to i nije u skladu sa spoljašnjim razmerama kuće na kanalu. Da me nisu prebacili na drugo mesto bez moga znanja? Više nisam u pidžami: na brzinu sam obukao muško rublje koje se nalazilo u velikom ormaru, zatim belu košulju, pulover, i na kraju muško odelo okačeno na vešalicu. Ono je od debele vune, udobno, sašiveno po mojoj meri, kao saliveno. Ništa od toga mi ne pripada, ali je sve izgledalo kao da je zbog mene ostavljeno. Uzeo sam i belu maramicu, na kojoj je u jednom uglu izvezeno slovo W, i sportske cipele koje kao da su takođe mene čekale.

Posle mnogo zaobilaženja, vraćanja i navraćanja, čini mi se da sam na kraju našao ono čega se veoma precizno sećam: sobu velikih dimenzija pretvorenu u kupatilo, s umivaonikom, šoljama i prostranom kadom od emajliranog livenog gvožđa, postavljenom na četiri lavlje šape. Vrata, koja uspevam da prepoznam uprkos nepouzdanoj svetlosti iz hodnika, posebno slaboj na tom mestu, otvaraju se bez po muke; ali čim se širom otvore, kao da vode samo u neku potpuno mračnu ostavu. Pipam da nađem prekidač, postavljen u načelu na unutrašnjem zidu, s leve strane. Ali pod rukom ne pronalazim ništa što bi ličilo na porcelancko dugme za svetlo prikačeno za dovratak. Pošto sam zbunjeno zakoračio preko praga koji je zinuo, i pošto se moje oči, s druge strane, navikavaju na tamu, shvatam da nikako nije reč ni o kakvom kupatilu, malom ili velikom, niti o bilo kakvoj drugoj prostoriji: nalazim se na vrhu uskog zavojitog stepeništa s kamenim stepenicima, koje, uostalom, podseća na tajno stepenište običnog ulaza za poslugu. Slaba svetlost koja dopire odozdo mutno osvetljava – u dubinama čiju udaljenost ne mogu da procenim – poslednje vidljive stepenike strmog i veoma mračnog, pomalo zastrašujućeg stepeništa.

Ne znajući previše dobro u kom cilju, odvažim se, savladavši strah, da krenem tim nezgodnim ste-

113

peništem, na kojem ubrzo prestajem da razaznajem i sopstvena stopala. Pošto nema ograde, upravljam se tako što se levom rukom oslanjam na spoljašnji zid, hladan i hrapav, okolo stepenica, to jest, s one strane gde su stepenici uprkos svemu manje uski. Napredujem još sporije jer se bojim da ne padnem, pošto vrhom cipele treba da istražim svaki stepenik, kako bih se uverio da nijedan ne nedostaje. U jednom trenutku, mrak je toliko neproziran da imam utisak da sam žrtva potpunog slepila. Ipak nastavljam da se spuštam, ali opasna vežba traje znatno duže nego što sam zamišljao. Na sreću, bleda svetlost koja se penje odozdo konačno se sastaje s onom koja je, tamo gore, poticala iz hodnika. Ova nova, škrto osvetljena oblast, nažalost, kratka je, i uskoro iznova moram da sledim okretaje zavrtnja ne videći kud spuštam nogu. Teško mi je da prebrojim koliko sam zaokreta tako napravio, ali na kraju postajem svestan: čudan kameni bunar koji odozgo naniže prolazi kroz vilu od cigala ne vodi u prizemlje, kroz njega se pristupa samo u nekakav podrum, ispod zemlje, ili kriptu, sprat niže, dakle, dva sprata ispod sobe iz koje sam pošao.

Kada konačno dođem do dna te spirale koja mi izgleda beskonačna, samo gde-gde osvetljena previše udaljenim čkiljavim svetiljkama, preda mnom se nalazi ulaz u galeriju koja nije nimalo bolje osvetljena. Ali na poslednjoj stepenici kraj koje je poslednja sijaličica, nalazi se vojnička ručna lampa kakvu su koristile američke okupacione trupe; savršeno radi. Domet njenog uskog snopa svetlosti omogućava mi da vidim dugačak podzemni hodnik, prav, širok najviše metar i po, zasvođen tesanim kamenom koji kao da je izrađen prilično davno. Pod je veoma iskošen i brzo nestaje pod ustajalom vodom kojom je ispunjen jedan ulegnutiji deo, dugačak možda petnaest ili

114

dvadeset metara. Prolaz od dasaka, ipak, s desne strane, izronio je dovoljno da bi se preko bare moglo preći suvih nogu...

I tamo, između poslednje daske i zida, kupajući se tri četvrtine u crnkastoj vodi, nalazi se telo muškarca, opruženog potrbuške, raširenih udova, nesumnjivo mrtvog. Pogledam ga na trenutak, u krajnjoj liniji, ne naročito iznenađen njegovim mračnim prisustvom, šetajući po njemu svetlosni krug koji baca moja lampa. Zatim se tlo diže, i, pošavši brže da bih se bez velikog zadržavanja udaljio od kompromitujućeg leša, dolazim do novog zavojitog stepeništa, na kojem uopšte nema osvetljenja, i čiji su stepenici od rupičastog lima. Penjem se praveći što manje buke. Stepenište vodi do zarđale metalne nadstrešnice koja, to odmah shvatam, predstavlja deo mehanizma za podizanje starog pokretnog mosta. Gasim lampu, iz opreza, i ostavljam je na metalnom podu izbrazdanom u obliku rombova, pre nego što iziđem na kej, koji jedva da izranja iz mraka pod svetlom starinskih uličnih svetiljki, koje kao da rade na gas, ali su ipak dovoljne da omoguće brzo hodanje po razglavljenoj i neravnoj kaldrmi.

Očigledno je manje hladno ove noći; bez muke podnosim to što nemam svoju bundu, niti bilo kakav kaput. Kao što se moglo i očekivati posle prilično dugog prolaska kroz duboki tunel, delimično poplavljen vodom, sada se nalazim na drugoj obali sporednog, pregrađenog kanala, naspram raskošne vile s mnogim zamkama, radnje s lutkama, gnezda dvostrukih agenata, trgovine svežim mesom, zatvora, klinike, itd. Svi prozori s ulične strane blistavo su osvetljeni, kao da je u jeku neko veliko slavlje, o čemu nisam primetio nikakav znak kada sam napuštao to mesto. Prozor na sredini, iznad ulaznih vrata – onaj

115

na kojem sam prvi put video Žiži – širom je otvoren. Ostali, koji su iznutra ukrašeni belim zavesama iza stakala i čije dvostruke teške zavese nisu navučene, omogućuju da se nazre promicanje senki zvanica koje se šetaju, posluge koja nosi velike poslužavnike, parova koji igraju...

Radije nego da pređem preko mosta kako bih stigao do hotela Saveznici, na drugom kraju keja na suprotnoj strani, nastavljam put s ove strane mrtvog kanala, a zatim odlazim do njegovog kraja, gde leži avetinjski brod... Gotovo odmah, iza sebe čujem korake čoveka po neravnoj kaldrmi, u isti mah teške i gipke, svojstvene čizmama kakve nosi *Military Police*. Nema potrebe da se okrenem kako bih saznao o čemu se radi, ali odjekne kratka naredba na nemačkom da ne idem dalje: „*Halt!*", koju kao da je izgovorio čovek kome je nemački maternji jezik. Pošto sam bez preterane žurbe napravio polukrug u mestu, vidim kako mi prilazi uobičajeni par američkih vojnih policajaca, s velikim belim slovima MP ispisanim na prednjoj strani šlema i mitraljezom oslonjenim o bok, nemarno uperenim u mom pravcu. U nekoliko krupnih koraka, primerenih njihovom stasu, ukopaju se na dva metra od mene. Onaj koji govori nemački traži mi papire, pita me imam li propusnicu, neophodnu za kretanje posle policijskog časa. Ne odgovarajući ništa, podižem desnu ruku do levog unutrašnjeg džepa na sakou, ponašajući se kao neko ko je siguran da će naći ono što traži. Na svoje veliko iznenađenje, pod prstima osetim neki tvrd predmet, tako tanak da ga nisam primetio kada sam oblačio pozajmljeno odelo, i za koji se ispostavlja da je berlinski *Ausweis*, tvrdi pravougaonik sa zaobljenim uglovima.

I ne pogledavši ga, primaknem se za jedan korak da ga pružim vojniku koji ga pregleda pod jakom svetlošću svoje vojničke lampe, istovetne kao ona koju sam upravo koristio; zatim mi uperi u lice zaslepljujući snop svetlosti, kako bi potom uporedio moje crte s licem na fotografiji ubačenoj u metalnu karticu. U svakom slučaju, mogao bih da mu ispričam kako mi je taj *Ausweis*, koji nije moj, sa čime ću se odmah složiti, morao biti greškom vraćen umesto onog pravog, a da to nisam ni primetio, prilikom sasvim nedavne kontrole, kada je bilo mnogo sveta; i pretvaraću se da sam tek tog trenutka otkrio zamenu. Međutim, policajac mi vraća moj dragoceni dokument uz ljubazan, gotovo pometen osmeh, i kratko izvinjenje što me nije prepoznao: „*Verzeihung, Herr von Brücke!*" I na to se, posle brzog vojničkog pozdrava, prilično bezobličnog, ne baš naročito germanskog, okrene na petama, zajedno sa svojim drugom, kako bi se vratili na Landverkanal, gde će nastaviti prekinutu patrolu.

Toliko sam jako začuđen ovog puta, da ne mogu da odolim želji da i sam pogledam taj dokument koji mi je poslalo samo Proviđenje. Čim se dvojica M.P.-jeva izgube iz vidika, požurim do sledeće treperave sijalice. U plavičastom krugu koji baca na svoje podnožje od livenog gvožđa, oko kojeg se uvija stilizovani bršljan, zaista bi se moglo prihvatiti da fotografija predstavlja mene. Ime pravog vlasnika dokumenta je: Valter fon Brike, sa stanom u Feldmeserštrase broj 2, Berlin-Krojcberg... Sluteći neku novu smicalicu koju su smislili lepa Jo i njeni sledbenici, vratio sam se u hotel veoma uznemiren. Ne sećam se više ko mi je otvorio vrata. Odjednom mi je toliko pozlilo da sam se skinuo, na brzinu se umio,

117

legao u krevet kao kroz neku maglu i polusan, i strmoglavio se u dubok san.

Nesumnjivo ubrzo posle toga, probuđen prirodnom potrebom, otišao sam u kupatilo, koje me je podsetilo na ono koje sam uzaludno tražio tokom svojih noćnih pustolovina čijih sam se nekoliko odlomaka tada ukratko prisetio, najpre ubeđen da sam ružno sanjao, što je bila utoliko verovatnija pretpostavka pošto sam u njima prepoznavao uobičajene teme snova koji mi se vraćaju još od detinjstva: toaleti koje ne mogu da nađem na zbunjujućem i komplikovanom putu, zavojito stepenište na kojem nedostaju stepenici dok silazim, podrum koji je poplavilo more, reka, otpadne vode..., konačno, provera identiteta, kada me smatraju za nekoga drugog...[12] Ali vraćajući se u krevet i u posteljinu u neredu, u prolazu sam video materijalne dokaze sasvim opipljive stvarnosti tih sećanja: odelo od debele vune prebačeno preko naslona stolice, belu košulju (na kojoj je izvezeno, kao i na maramici, goticom pisano W), jarko crvene čarape sa crnim štrafticama najgoreg ukusa, velike cipele za šetnju... U unutrašnjem džepu sakoa ustanovio sam i prisustvo nemačkog ausvajsa... Bio sam toliko umoran da sam odmah zaspao, ne sačekavši utehu materinskog poljupca...

Napomena 12 – Naš psihoanalitičar-amater ovde, razume se, „zaboravlja" tri suštinske teme, koje predstavljaju niz epizoda koje je, ipak, do pojedinosti opisao: incest, blizanci, oslepljenje.

Čim sam na brzinu završio doručak, sveden na minimum jer nisam imao apetit, Pjer Garen je bez kucanja ušao u moju sobu s uobičajenom lagodnom opuštenošću, rešen da nikad ni zbog čega ne pokaže iznenađenje i da uvek zna više od sagovornika. Posle uobičajenog znaka rukom koji je podsećao na neuspeo fašistički pozdrav, odmah je započeo monolog, kao da smo se rastali jedva nekoliko časova ranije, i bez nekih naročitih teškoća: „Marija mi je javila da si se probudio. Zato sam se popeo na trenutak, mada nema ničega hitnog. Samo malo obaveštenje: namestili su nam igru, *Oberst* Dani fon Brike nije mrtav. Samo površinska rana na ruci! Ono postepeno stropoštavanje tela pod ubičinim mecima, to je bila predstava. Trebalo je da posumnjam: najbolje sredstvo da se pobegne od potere, odnosno od mogućeg sledećeg navrata... Ali oni drugi su, čini mi se, lukaviji...

    — Lukaviji od nas, hoćeš da kažeš?

    — U izvesnom smislu, jesu... Mada poređenje...“

Ne bih li se umirio, da ne izgledam previše snužden zbog poruke koju je hteo da mi prenese, malo sam sređivao nered nagomilan na mom stolu za sve, za koji sam već rekao da nije previše velik. Slušajući ga namerno rasejano, na pola uha, poređao sam ostatke svog obroka na poslužavnik koji još nije bio sklonjen, na drugi kraj sam gurnuo razne sitne lične predmete: a naročito, sklonio sam rasute listove hartije delova prekinutog rukopisa, ali ne pokazujući da tome pridajem ikakvu pažnju. Pjer Garen, bojim se, nije bio glup. Zaista, u najmanju ruku je neprirodno to što ova ptica zloslutnica (često je koristio kao pseudonim francusko ime za crnoglave ptice, „*Sterne*“!) uopšte ne pominje kako me je grubo ispratio, kao ni sredstva koja je zatim koristio da mi uđe u trag, kao i to što mi ne postavlja nikakva pitanja šta sam radio tokom dva (ili tri?) prethodna dana. Ravnodušnim

119

glasom, kao da ću reći nešto što se odnosi na istragu, upitao sam:

„Fon Brike je, kažu, imao sina... Da li je on imao nekakvu ulogu u ovoj zamršenoj priči?

– Ah! Žiži ti je, dakle, pričala o Valteru? Ne, on ne igra nikakvu ulogu. Poginuo je na Istočnom frontu, u vreme propasti... Pazi se Žiži i svih njenih priča. Izmišlja budalaštine iz zadovoljstva da poseje zbrku... Ta devojčica, inače očaravajuća, slaže čim zine!"

U stvari, ubuduće bi pre svega trebalo da se čuvam samog Pjera Garena. Ali ono što on očigledno nije znao, jeste to da sam slučajno, tokom svojih noćnih tumaranja po prostranoj kući u kojoj sam bio neka vrsta štićenika, otkrio tri pornografska crteža koja je potpisao taj Valter fon Brike, na kojima je predstavljena Žiži lično, bez ikakve zabune, uprkos nepriličnim položajima, i to nesumnjivo u godinama, ili bezmalo u godinama u kojima je sada. Nisam o tome želeo da govorim u izveštaju, jer mi se nije učinilo da je taj element od suštinskog značaja, osim što baca sirovu svetlost na sadističko-erotske nagone toga V. Poslednje reči moga druga Sterna naterale su me da promenim mišljenje: to smatram za dokaz da Valter fon Brike nije poginuo u ratu, da Žiži to takođe lično zna, mada govori suprotno, a malo je verovatno da Pjer Garen nije obavešten; s kakvim ciljem onda ponavlja devojčinu laž o tome?

Ostaje, međutim, jedna teškoća u pripovedanju, koja nesumnjivo nije bila beznačajna u svesnom uklanjanju cele sekvence: i dalje nisam kadar da je smestim, ako ne u prostoru (soba se ne može nalaziti na drugom mestu osim u zamršenim hodnicima na prvom spratu), a ono barem u vremenu. Da li je to bilo pre ili posle doktorove posete? Da li sam pojeo svoj skromni obrok zalivši ga nekim sumnjivim napitkom? Da li sam još bio u pidžami? Ili sam već bio obukao odeću za bekstvo? Ili možda – zna li se? – neku drugu privremenu odeću, koje se više uopšte ne sećam?

Što se tiče Žiži, ona je potpuno naga na sva tri crteža, od kojih svaki nosi redni broj i naslov. Izvedeni su na papiru kanson, formata 40 x 60, masnom crnom olovkom, relativno tvrdom, sa sfumatom kojim se naglašavaju neke senke, pojačane akvarel tušem koji pokriva samo veoma ograničene površine. Izrada je izuzetno valjana, bilo da je reč o obrisima tela, ili o izrazu lica. U mnogim pojedinostima na telu ili na kajševima koji ga vezuju, kao i u savršeno prepoznatljivim crtama modela, preciznost je bezmalo preterana, manijakalna; drugi delovi su, međutim, ostavljeni nedorečeni, kao da je tome razlog neravnomerno osvetljenje, te kontrasta ima manje ili više u zavisnosti od mesta na kojem je izvor svetlosti, ili možda usled nejednake pažnje koju izopačeni umetnik posvećuje različitim elementima svog modela.

Na prvoj slici, naslovljenoj „Ispaštanje", mlada žrtva prikazana je s lica, kleči na dva mala okrugla tvrda jastučeta s mnogo šiljaka, butina široko razmaknutih uz pomoć kožnih spona koje nogu stežu oko lista i zakačene su za pod uzicama zategnutim ka spolja. Leđa se naslanjaju na kameni stub za koji je leva ruka lancem vezana oko zgloba, odmah iznad glave, čiji se zlatni uvojci mrse u uskomešalom neredu. Desnom rukom (jedinim udom koji je ostao slobodan) Žiži miluje unutrašnjost vulve, čije usmine razdvaja palcem i prstenjakom, dok su kažiprst i srednji prst zavučeni duboko pod runo na pubisu, dok se od obilnog sluzavog vlaženja kvase lepe kratke mladalačke kovrdže u blizini procepa. Cela bedra izvijaju se u stranu, tako da se desni bok jasno ističe. Krv lepe, poput ribizle crvene boje curi ispod kolena, izbodenih brojnim ranicama, koje krvare i na najmanji pokret. Devojčine čulne crte izražavaju neku vrstu ekstaze, koja bi mogla biti patnja, ali više podseća na puteno uživanje mučenika.

Drugi crtež se zove „Lomača", ali se ne radi o tradicionalnoj gomili drva na kojoj su veštice spaljivali žive. Mala osuđenica, ponovo na kolenima, ali sada neposredno na zemlji, dok su joj butine gotovo raščerečene, ovde se vidi tri četvrtine s leđa, grudi nagnutih napred i s obe ruke zategnute ka stubu, gde su joj šake, vezane oko zglobova, pričvršćene za gvozdenu alku u visini ramena. Pod guzom tako izloženom gledaocu (umetniku slikaru, uzbuđenom ljubavniku, prefinjenom lascivnom dželatu, kritičaru umetnosti...), razdvojenom i isturenom, jer su joj bedra snažno izvijena, crveni se žarište plamena u obliku voštanice podignute na neku vrstu visokog tronošca koji liči na kadionicu, što joj polako proždire nežne malje na pubisu, međunožju i međici. Glava joj je oborena na stranu, iskrivljena, okrenuvši prema nama svoje ljupko lice u grču zbog nepodnošljivog napredovanja vatre koja je proždire, dok između njenih lepih razdvojenih usana izvire dugo bolno krkljanje, melodično i jako uzbudljivo.

Na poleđini lista, nekoliko ukoso u žurbi olovkom ispisanih redova, koji bi mogli biti posveta crtača svom modelu, manje-više opscene i strasne reči ljubavi, ili samo nežnosti, s pomalo surovim prizvukom... Ali nervozan rukopis kojim su pisana gotička slova čini zapis sasvim neshvatljivim za stranca. Rastumačim poneku reč ovde-onde, ali nisam potpuno siguran da sam je ispravno pročitao, na primer „*me-*

ine", koje predstavlja samo oštar niz deset uspravnih crta, svih jedna drugoj nalik, povezanih jedva naznačenim kosim crtama. U svakom slučaju, kada se ta nemačka reč izvuče iz konteksta, mogla bi značiti „nosim u duhu", kao i „moja", „ona koja mi pripada". Ovaj kratki tekst (ima svega tri-četiri rečenice) potpisan je skraćenim imenom „Val", uz sasvim čitak datum, „april 1949". U dnu samog crteža, naprotiv, stajalo je celo ime, „Valter fon Brike".

Na trećoj slici, koja nosi simboličan naslov „Iskupljenje", Žiži je raspeta na drvenom krstu u obliku slova T, grubo otesanom, sa osnovom u obliku izvrnutog slova V. Šake, zakovane kroz dlanove za oba kraja gornje prečage, istežu joj ruke gotovo vodoravno, dok joj se noge razmiču sledeći dve linije koje se razdvajaju na donjem direku, u čijem podnožju su stopala zakovana za istureno, blago iskošeno postolje. Glava, ovenčana divljim ružama, nagnuta je malo napred, iskrivljena u stranu kako bi se videlo oko vlažno od suza i usta koja jecaju. Rimski centurion koji se stara o tome da li je presuda dobro izvršena, zatim počinje priljeŽno da muči devojčino međunožje, zabijajući u nju vrh koplja, duboko u meku put. Iz brojnih rana na donjem trbuhu, vulvi, slabinama i gornjem delu butina, obilno curi jarko crvena krv, od koje je Josif iz Arimateje skupio punu čašu za šampanjac.

Ta ista čaša sada je izneta na vidno mesto, na ono što liči na toaletni sto, u sobi predusretljivog modela koji je onako pozirao kako bi bilo predstavljeno njeno sopstveno mučenje, pored korica za crteže u koje sam, po redu, vratio tri lista hartije kanson. Sadržaj čaše ispijen je do kraja, ali staklo je ostalo umrljano ostacima jarko crvene tečnosti sasušene na obodu, i naročito u dnu. Naročit oblik čaše (sa otvorom mnogo manje širokim nego na onima u kojima se obično služe penušava vina, ukoliko se ne koriste sasvim uske čaše) navodi me da smesta prepoznam da pripada istom servisu od češkog kristala kao i predmet koji je devojčica razbila na podu moje sobe[13]. Ova soba, što će reći, njena, nalazi se u velikom neredu, i ne govorim samo o raznim predmetima poređanim jedan pored drugog na dugačkom stolu zajedno s kremama, šminkom i melemima, svuda oko pokretnog ogledala. Cela soba je zatrpana raznim stvarima, počevši od cilindar-šešira, pa do putničkog kovčega, od muškog bicikla do velikog zavežljaja konopaca, od starog fonografa s trubom do krojačke lutke, od slikarskog štafelaja do belog štapa za slepe... i sve to najčešće bez reda ostavljeno, nabacano, postavljeno ukoso, prevrnuto, kao posle bitke ili posle uragana. Odeća, intimno rublje, razne čizme i cipele, rasparene, razvlače se na sve strane, po nameštaju i po podu, svedočeći o nemaru i nasilju s kakvim Žiži postupa prema svojim stvarima. Male bele gaćice s velikom mrljom od krvi leže na parketu, između češlja s velikim zupcima od lažnog sedefa i para velikih makaza za šišanje. Jarko crvena boja sasvim sveže, ili bezmalo sveže mrlje, kao da pre potiče od slučajne povrede nego od prirodnog periodičnog odliva. Verovatno bez pohotnih primisli, nego po nekoj vrsti nagona za opstankom, kao da je trebalo ukloniti tragove nekakvog zločina u koji bih ja bio umešan, strpao sam taj komadić umrljane svile u najdublji džep.

Napomena 13 – Upravo od ovog trenutka – kada AR pokupi s poda u dečijoj sobi taj čudni bodež od stakla što predstavlja glavni deo polomljene uske čaše za šampanjac, kojim odmah namerava da se posluži kao odbrambenim, ili oružjem za zastrašivanje, kako bi pobegao iz kuće u kojoj veruje da ga drže zatočenog – priča našeg psihotičnog specijalnog agenta postaje pravo bunilo, te je potrebno sve pisati ispočetka, ne samo unositi ispravke na nekim mestima, nego je u još jednom navratu ispričati na objektivniji način:

Čim je završio laku večeru, AR je primio posetu našeg dobrog doktora Huana, koji je samo mogao konstatovati da je bolesnikovo stanje postalo alarmantnije: mešavina utonulosti u polunesvesno stanje (još budan, ali sve pasivniji) koje se smenjivalo s periodima preterane mentalne nervoze, kratke ili ne, u sprezi s iznenadnim jakim lupanjem srca i dizanjem pritiska, kroz koje se ponovo ispoljavala njegova manija proganjanja, strah od raznih oblika zavere protiv njega, od toga da ga njegovi zamišljeni neprijatelji drže zatvorenog protiv njegove volje, kako bi mu na silu davali razna sredstva za smirenje, sredstva za uspavljivanje i otrove. Huan Ramires je sposoban lekar, savršeno pouzdan. Mada je pre svega poznat kao psihoanalitičar, bavi se i opštom medicinom, ali se posebno zanima za moždane poremećaje vezane za seksualnu funkciju. To što su ga njegove ljubomorne kolege iznele na glas kao radog da pomogne u pobačajima, iskreno govoreći, nije baš sasvim neopravdano. Bogu hvala! Odista, često imamo potrebe da se obratimo njegovim talentima u toj oblasti zbog naših mladih manekenki, koje se ne svlače samo na seansama poziranja kod slikara amatera.

Tek što je izišao iz improvizovane sobe u kojoj je negovan njegov pacijent, kada je došla Žoel Kast, u nadi da će ga naterati da zaboravi besmislene mračne namere koje joj je pripisivao ovaj nezahvalni putnik, kome je obezbedila smeštaj iz čiste dobrote duše. Ovde je našla izgovor da mu donosi odeću, cipele, donje rublje, bundu, sve očišćeno i ispeglano, zajedno sa šoljom čaja od indijske lipe kojem je ljubazna lažna udovica pripisivala mnogo delotvornija svojstva (kao sredstvu za umirenje i za jačanje centralnog nervnog sistema istovremeno!) nego što su ona koja ima bilo koji farmaceutski napitak. Čim joj se učinilo da je Francuz zaspao, izišla je izbegavajući i najmanji šum koraka ili vrata, kako bi i sama otišla da legne, na drugom kraju kuće.

Ali AR se samo pretvarao da je pao u dubok san, za koji je davao očigledne, mada lažne dokaze: opuštanje celog tela, labavljenje usana, sporo i ravnomerno disanje... Domaćici je ostavio deset minuta, kako bi bio siguran da je imala vremena da se vrati u svoju sobu. Zatim je ustao, brzo obukao ponovo nađene lične stvari, pokupio s police ormara s ogledalom bodež od stakla koji je sakrio, i mačijim korakom krenuo kroz prostranu tihu kuću.

Očigledno nije prepoznao bogzna šta u tom nizu hodnika i predvorja, zacelo mnogo složenijem nego što bi se moglo pomisliti kada se vila posmatra spolja. Kada su ga preneli u staru dečiju sobu, gde su zbog njega uneli neki na brzinu nađeni dušek koji su bacili na pod, čovek je bio bez svesti, do čega ga je doveo težak pad posle napada erotskih halucinacija koji je dobio u primaćem salonu sa živim lutkama. A kada su ga potom odveli u toalet u velikom ružičastom kupatilu, gde gospoda vole da kupaju devojčice, on kao da oko sebe nije video ništa, tako da je Žiži morala da ga drži za ruku i da ga vodi, u odlasku, kao i u povratku. AR je dakle morao lutati neko vreme u potrazi za bilo kakvim stepeništem koje vodi u prizemlje. Sve je bilo pusto, a osim toga i veoma slabo osvetljeno u taj pozni čas: plavičaste noćne lampe bile su mestimično upaljene...

I evo, kada je kroz neki tesan prolaz izišao na središnji hodnik, odjednom se našao pred Violetom, bezmalo naletevši na nju, koja je bila skinula cipele s visokom potpeticom kako ne bi smetala spavačima. Violeta je jedna od devojaka, prijateljica njene kćeri, kojima J. K. obezbeđuje smeštaj, zaštitu i materijalno blagostanje, psihološku podršku i upravljanje imovinom (pravna, medicinska, bankarska pomoć, itd.). To je lepa mlada dama od šesnaest godina, riđa, vitka, koja ima mnogo uspeha kod viših oficira i, uopšte, ničega se ne plaši. Ali iznenađenje što se zatekla tako, s previše slabom plavičastom svetlošću koja joj je udarala u lice, naspram neznanca divljačnog izgleda i zastrašujućeg stasa, još krupnijeg onako u bundi, nateralo ju je da se uplaši, pa je nagonski ispustila mali krik.

AR, u bezumnom strahu da će buka prizvati celu kuću, šapnuo joj je naređenje da ućuti, pripretivši joj oružjem od kristala koje je naslonio na svoj bok i uperio ga ka njoj, na mestu gde joj se završavala skandalozno kratka suknja. Devojka je, zaista, nosila ljupku školsku haljinu kakva je obavezna u *Sfingi*, ali u manje dvosmislenoj, mnogo otvorenije provokativnoj verziji nego što je bila ona na Žiži: bluza, napred raskopčana sve do struka, izdašno se otvarala s jedne strane i oslobađala pred pogledom oblinu nagog ramena, dok su vrhovi butina pokazivali svoju satensku put između ivice haljine i nabranih podvezica, ukrašenih maleckim cvetićima od ružičaste gaze, koje su pridržavale duge crne svilene čarape ukrašene čipkom iznad kolena.

Violeta, sada obuzeta nemirom, videći da je izložena zločinačkim ispadima ludaka, polako se povlačila ka zidu i na kraju je videla da ju je napadač saterao do lažnog stuba, i samo što se nije priljubio uz nju. Verujući da je tu pronašla najbolje utočište u prisustvu nekotrolisanog protivnika, i uprkos svemu uzdajući se u poznatu moć svojih čari, neustrašiva devojka isturila je grudi i nežno se protrljala uz njega, trudeći se da što više otkrije lepu nagu dojku koja je izvirivala iz raskopčane bluze, mrmljajući potpuno otvoreno da, ako želi da je siluje stojeći, ona može odmah da skine gaćice...

Ali muškarac je tražio nešto drugo, što ona nije razumela: ključ da pobegne iz kuće, na kojoj nijedna izlazna vrata nikad nisu bila zaključana. Nije shvatala da joj opasno stakleno sečivo, koje je neznanac čvrsto držao, sada dodiruje dno pubisa. Napravila je pokret da obema rukama zagrli tog neočekivanog, nepredvidljivog klijenta, i AR je pomislio da pokušava da se oslobodi. Stalno ponavljajući prigušenim glasom: „Daj mi ključ, kurvo mala!", on je sve više pritiskao svoj kristalni stilet, čiji vrh kao u igle se sam od sebe zabio u meki trougao između butina. Dok su putnikove izobličene crte postajale sve strašnije, njegova žrtva sada je stajala nepomična, opčinjena, zanemela od straha, razrogačivši oči pred ubicom, s obe ruke podignute do otvorenih usta, ne ispuštajući uzice tanke balske cipelice. Mnoštvo metaliziranih šljokica koje su pokrivale trouglastu gornju stranu cipele caklile su se u nebrojenim plavim odsjajima, ljujajući se lagano poput klatna.

AR, međutim, odjednom kao da je postao svestan šta radi. S nevericom, uznemireno je slobodnom, levom rukom zadigao donju ivicu nepristojne plisirane suknjice, odmah otkrivši dno svilenkastog žbuna i njegovu iluzornu zaštitu od bele svile, probijenu, na kojoj se pred očima širila blistava jarko crvena mrlja sveže krvi koja je i dalje tekla.

Pogledao je zaprepašćeno desnu ruku, kao da mu, odsečena od tela, više ne pripada. Zatim, naglo se probudivši iz letargije i prestravljeno ustuknuvši, u pola glasa izgovorio je šest reči: „Smilujte mi se, moj Bože! Smilujte se!" Nestvarni nož od stakla iščupao se iz duboke rane, povučen tako preterano naglo da Violeta nije mogla da priguši dug jecaj ekstatičnog bola. Međutim, iskoristivši tada vidnu zbunjenost svog dželata, iznenada ga je svom snagom odgurnula i urlajući pobegla ka dnu hodnika, ostavivši za sobom svoje blistave cipelice koje je ispustila kad se previše silovito otrgla.

Odjednom ponovo zatupevši, izgubljen u lavirintu ponavljanja i prisećanja, AR ih je gledao kako leže na podu pred njegovim nogama. Kap krvi pala je s njegovog koplja na postavu od belog ševroa u unutrašnjosti leve cipele, napravivši jarko crvenu okruglu mrlju oivičenu sitnijim mrljicama... Kroz celu kuću, naglo probuđenu očajničkim krikom, čula se lupa vrata, brzi koraci kroz hodnik, oštar zvuk zvona za uzbunu, nervozni jecaji žrtve, vriska i cika drugih preplašenih ovčica... Tako se polako dizala opšta vika, u kojoj su povremeno preovlađivali uznemireni povici pridošlica, kratke naredbe, nepovezano dozivanje u pomoć, dok su se jaka svetla palila na sve strane.

Uprkos utisku da ga njegovi progonitelji opkoljavaju sa svih strana, pod zracima moćnih reflektora uperenih u njega, AR je, povrativši prisebnost, pojurio u pravcu iz kojeg mu se učinilo da je stigla Violeta, i zaista je odmah našao veliko stepenište. Uhvativši se, kako bi brže sišao preskačući stepenike, za masivnu lakiranu ogradu sa trbušastim drvenim stupcima, samo je u prolazu primetio malu sliku okačenu na zid u visini pogleda: romantični pejzaž koji predstavlja, u olujnoj noći, ruševine kule s koje su pala dvojica istovetnih ljudi što leže u travi, nesumnjivo pogođeni gromom. U tom trenutku je u žurbi promašio jedan stepenik, i na samom dnu se našao brže nego što je predvideo. U tri koraka je na kraju prošao kroz ulazna vrata koja vode na spoljašnje stepenište, i koja nisu bila zaključana, kao ni ostala.

Oštar noćni vazduh pomogao mu je da povrati smireniji izgled. Kada je gurnuo škripavu kapiju u vrtu, kako bi izišao na kej se neravnim pločnikom, sreo se s američkim oficirom koji je dolazio iz suprotnog smera i u prolazu ga kruto pozdravio, na šta AR nije odgovorio. Onaj drugi je tada zastao, čak se upadljivo okrenuo da bolje pogleda tu nepristojnu ili rasejanu osobu, koja mu se učinila neodređeno poznata. AR je nastavio put mirnim korakom, ubrzo skrenuvši desno kako bi produžio niz Landverkanal ka četvrti Šeneberg. Na levom džepu bunde, mada širokom i dubokom, nalazila se velika izdužena izbočina, savršeno neprirodna. Prineo je ruku, i bez velikog iznenađenja utvrdio prisustvo balske cipele s plavim šljokicama kao u sirene, koju je bez razmišljanja pokupio u trenutku bekstva. Što se tiče kristalnog stileta, on je sada stajao, uspravljen na nožici čaše za šampanjac, na sred stočića koji poput kule stoji na vrhu velikog stepeništa, niz koje se pod olujnim nebom sjurio ubica kome su pretile munje što su osvetljavale dekor, kroz grmljavinu koja se ponavljala.

Svedočenje američkog oficira predstavlja poslednje u gotovo neprekidnom nizu svedočenja koja su nam omogućila da do pojedinosti rekonstruišemo postupke i ponašanje našeg odbeglog bolesnika u neobičnoj vili Fon Brikeovih. Kada je AR zamakao desno na kraju slepe uličice, vojnik je prošao kroz kapiju u dvorište, ali u suprotnom pravcu, kao stalni posetilac prodavnice lutaka; radi se u stvari o pukovniku Ralfu Džonsonu, koga svi mi, kao i sve zapadne tajne službe, lako možemo prepoznati, ali je poznatiji pod uzurpatorskim imenom Ser Ralf, koje potiče samo od prijateljske aluzije na njegovo preterano britansko držanje. Zatim se lakim korakom popeo uz tri stepenika na ulazu, pogledavši na veliki časovnik koji je nosio na levom ručnom zglobu.

Dakle, tačno znamo da je proteklo osamdeset minuta između tog ključnog trenutka i onoga kada se AR iznova pojavio u kabareu *die Sphynx* (gde radi nekoliko naših učenica) što predstavlja bezmalo dvostruko više vremena od onoga koje je devojkama, koje tuda stalno prolaze, potrebno da stignu pešice: duž kanala iza Meringovog trga, zatim preko trga, pa levo, da bi se došlo do Jorkštrase. Naš navodni specijalni agent tako je imao dovoljno vremena (dvadeset i pet do trideset minuta) da skrene i eventualno počini ubistvo, bilo da je unapred smišljeno, ili je do njega došlo usled neočekivanog sticaja okolnosti, odnosno, pukom slučajnošću. Nagađamo, u svakom slučaju, da mu je ta četvrt morala biti poznata od vremena kada je često boravio u obližnjem francuskom sektoru: tik s druge strane Tirgartena, koji u stvari predstavlja u velikoj meri međunarodni distrikt (uprkos tome što u teoriji pripada samo engleskoj zoni) sa stanicom Zoo, glavnom kapijom na Zapad.

Begunac je, štaviše, očigledno poznavao mesto na kojem bi mogao očekivati najbolje skrovište usred policijskog časa, u onom ne previše razrušenom prostoru južno od ulica Klajst i Bilov, gde se nalazi obilje mesta za noćna uživanja koja posećuju saveznički vojnici i sumnjivo visoko društvo, snabdeveno dragocenim propusnicama koje im omogućavaju da se kreću u svako doba. Izgleda da se nije dvoumio između različitih natpisa koji, uprkos relativnoj diskretnosti, ostaju uvek lako uočljivi, i mnogi među njima sadrže francuske nazive, *Le Grand Monde, La Cave, Chez la comtesse de Ségur*, ali i: *Wonderland, Die Blaue Villa, The Dream, Das Mädchenpensionat, Die Hölle*, itd.

Kada je AR ušao u „salu za spektakle" u Sfingi, intimnoj, mada prepunoj, Žiži se bila popela na šank i izvodila jednu od tradicionalnih berlinskih numera, u crnim čarapama sa žabicama i sa cilindrom na glavi. Ne prekidajući izvođenje, sa svojim dugim štapom za slepce s pomodnom srebrnom drškom, ljubazno mu je dala mali znak dobrodošlice, veoma prirodan, kao da su zakazali sastanak u kabareu za to veče, što devojka odlučno poriče, objašnjavajući čak kako je bolesniku preporučila da ostane u sobi, onako u stanju krajnje iscrpljenosti, koje je potvrdio doktor Huan, i da nikako ne napušta kuću, za koju mu je, kako bi ga odvratila, rekla da će sva vrata biti zaključana. Po običaju, mlada kurva je, dakle, u ovoj stvari slagala barem jedanput.

Veče, već poodmaklo, odvijalo se bez teškoća, uz prigušenu muziku, sladunjavi dim kamela, difuzno crvenkasto osvetljenje, blagu toplinu klimatizovanog pakla, dok se zatupljujući miris cigara mešao sa sladunjavijim mirisom devojaka, od kojih je većina sada bila gotovo naga. Stvarali su se parovi, kao posledica smelosti, ili samo jednog pogleda. Druge su manje-više diskretno napuštale prostoriju i odlazile u privatne sobe, udobne uprkos skromnim dimenzijama, smeštene na prvom spratu, kao i one u podrumu, s naročitom opremom.

Pošto je popio nekoliko čaša burbona, koje mu je poslužila ljubazna gospođica od nekih trinaest godina po imenu Lujza, u mračnom uglu sale, AR je zaspao od umora.

Beživotno telo oberfirera Danija fon Brikea u ranu zoru je našla vojna patrola, u dvorištu zgrade delimično porušene bombama, nenastanjene ali čija rekonstrukcija je u toku, koja gleda na Viktorija Park, što znači u neposrednoj blizini velikog aerodroma Tempelhof. Njegov ubica ovog puta nije promašio. Dva metka ispaljena spreda gotovo iz neposredne blizine, u grudi, i pronađena na licu mesta, bila su istog kalibra kao i onaj koji mu je samo povredio ruku tri dana ranije, i prema stručnjacima, poticali su iz istog automatskog pištolja bereta 9 mm. Pored leša je ležala ženska cipela s visokom potpeticom čija gornja strana je bila ukrašena metalizirano plavim šljokicama. Kap jarko crvene krvi ostavila je mrlju na postavi.

———————

PETI DAN

AR sanja kako se naglo budi u sobi bez prozora koja je nekada pripadala deci Fon Brikeovih. Snažna buka razbijenog stakla koja ga je trgla iz sna kao da je dolazila iz zastakljenog ormara, čije veliko ogledalo je ipak čitavo. Strahujući da se unutra nešto polomilo, ustaje da otvori teška vrata. Na središnjoj polici, u visini pogleda, kristalni bodež (koji je ranije stajao na nožici čaše za šampanjac) zaista je pao u plavu cipelu sa sireninom krljušti, jer ga je bez sumnje preturila tutnjava američkog četvoromotorca koji je leteo neprirodno nisko polećući s Tempelhofa (zbog severnog vetra) od čega su se zatresli svi predmeti u vili, kao od zemljotresa. Pri naglom padu, prozirno oštro sečivo duboko se zabilo u beli ševro kojim je postavljena tanana cipela, koja se i sama preturila. Posekotina obilno krvari: gusta crvena tečnost izliva se u grčevitim naletima na donju policu i na Žižino intimno rublje, nabacano u neredu. AR, obuzet panikom, ne zna šta da radi kako bi zaustavio krvarenje. Izludeo je utoliko više pošto se cela kuća odjednom ispunila oštrim kricima i napravila se gužva...

Tada sam se stvarno probudio, ali u sobi broj 3 u hotelu Saveznici. Dve sobarice se bučno svađaju u hodniku, baš ispred mojih vrata. Još sam bio u pidžami, ležeći na posteljini u neredu, vlažnoj od znoja. Kad su sklonili moj *Frühstück*, po odlasku Pjera Garena, hteo sam da se malo odmorim na krevetu, i još slabo oporavljen od umora koji je usledio za burnom noći, posle čega sam previše kratko spavao, odmah sam ponovo zaspao. A sada je napolju zimski dan već bio na zalasku, među zavesama koje su ostavljene otvorene. Sobarice su se svađale na nekom dijalektu, sa jakim seoskim naglaskom, koji uopšte nisam razumeo.

Ustao sam, s naporom, i širom otvorio vrata jednim zamahom. Marija i njena mlada koleginica (zacelo početnica) odmah su prekinule svađu. Na podu u hodniku nalazio se, polomljen u tri dela, bokal od belog stakla čiji se sadržaj (koji je izgledao kao crno vino) rasuo do praga moje sobe. Marija, nervoznog raspoloženja, ipak mi je uputila osmeh i htela je da se opravda, sada koristeći klasičniji, zbog mene donekle pojednostavljen nemački:

„Ova mala idiotkinja se uplašila: pomislila je da će se avion srušiti na kuću, i ispustila je poslužavnik.

– Nije istina – bunila se tihim glasom druga devojka. – Ona me je namerno gurnula, da bi me naterala da izgubim ravnotežu.

– Dosta! Ne zamaraj goste svojim pričama. Gospodine Val, dva gospodina vas čekaju dole, već sat vremena. Kazali su da vas ne budim... da imaju vremena... Hteli su da znaju da li na hotelu postoje još neka izlazna vrata!

– U redu... Zaista, postoje li još neka vrata?

– Pa, ne!... Zašto?... Samo ona koja znate, koja vode na kanal. Ona služe kao ulaz u kafe, za isporuke i za hotel."

Marija kao da je pitanje vrata smatrala za smešan hir posetilaca. Ili je glumila naivnost, shvatajući, na-

135

protiv, veoma dobro šta to pitanje znači? Možda me je, čak, oduševljena pomišlju na moje eventualno bekstvo, namerno izazvala da se ranije pojavim, napravivši gungulu u hodniku? Mirno sam odgovorio da ću sići, da samo treba da mi ostavi vremena da se obučem. I ponovo sam zatvorio vrata oštrim pokretom, čak demonstrativno okrenuvši ključ, koji je tupo zveknuo u bravi kao pucanj revolvera na koji je stavljena naprava zvana „prigušivač".

U tom trenutku sam tamo na stolici opazio svoje putno odelo, na mestu na kojem sam ostavio ono pozajmljeno u kojem sam se vratio te noći. A na čiviluku na zidu, u dnu sobe, moja iščezla bunda sada je visila na vešalici... Pod kakvim okolnostima, u koje vreme je zamena izvršena, a da ja to nisam primetio? Nesposoban da se setim da li je moja prava odeća već vraćena na pozornicu kada me je Pjer Garen nakratko posetio, lako se moglo desiti da je nisam primetio kada je Marija iznenada uletela donoseći mi doručak, jer mi je njihovo prisustvo bilo toliko prisno... Ali još me je više uznemirilo to što sada nije bilo ni najmanjeg dokaza za bilo kakvu objektivnu istinu o mojim poslednjim kretanjima. Sve je nestalo: udobno odelo od tvida, grozne crveno-crne čarape, košulja i maramica sa izvezenim gotičkim W, podrumsko blato na grubim cipelama, berlinski ausvajs na kojem je stajala moja fotografija (ili bar fotografija nekog lica veoma nalik mojem) ali je svedočila o nekom drugom identitetu, bez ikakve veze sa onim koji ja koristim, mada u tesnoj vezi s mojim putovanjem.

Tada sam se setio malih gaćica umrljanih krvlju, koje sam pokupio s poda u Žižinoj sobi, ni sam ne znam zašto. Zar ih nisam, pre nego što sam legao, izvadio iz pantalona od tvida? (U svakom slučaju, video sam sebe kako ih brzo stavljam u džep, pošto sam pogledao tri erotska crteža mog dvojnika, i tom prilikom primetio da se retko nalazi odelo celo napravljeno od te vrste štofa.) Kud li sam ih denuo kad sam se vratio ovamo?... Na kraju sam ih s olakšanjem našao u korpi za otpatke u kupatilu: soba, na sreću, još nije bila počišćena, pošto je nisam napuštao.

Ispitujući ih pažljivije, utvrdio sam prisustvo male poderotine posred crvene mrlje, koju kao da je napravio vrh nekog veoma oštrog sečiva. Zar se nije nametalo poređenje sa stiletom od stakla koji se upravo iznova pojavio u mom nedavnom košmaru? Njegov anegdotski sadržaj, kao što se u snovima gotovo uvek dešava, uostalom, bez muke se može objasniti na osnovu stvarnih elemenata doživljenih dan ranije: ostavljajući na pretrpanoj polici u velikom ormaru polomljenu čašu za šampanjac pored plave cipele, kroz glavu mi je proletela misao da tom strelom probadam ribu iz morskih dubina u podmorskom ribolovu (o, Anželika!) Pažljivo ostavljam svoj lovački trofej iza stakla u ormariću s apotekom, potvrđujući time opipljivo postojanje noćnih dogodovština, pazeći da ne odlomim krhki ostatak stakla za koji su ostali zakačeni poderani ostaci svile.

Pošto sam se obukao bez preterane žurbe, kako bih sišao da se pridružim svojim posetiocima, opazio sam kako mi se levi džep na bundi okačenoj na čiviluk izobličio od neuobičajene debljine. Kada sam pažljivo prišao i zavukao u njega sumnjičavu ruku, izvadio sam težak automatski pištolj koji sam odmah prepoznao: ako to nije bio onaj isti, a ono je bio istovetan bereti koju sam našao u fioci u pisaćem stolu u stanu J. K. koji gleda na Trg žandarmerije, po dolasku u Berlin. Da li je neko, dakle, hteo da me na-

137

vede na samoubistvo? Ostavljajući za kasnije ispitivanje tog problema i ne znajući šta da radim s tim tvrdoglavim oružjem, vratio sam ga, u međuvremenu, tamo gde ga je neko ubacio pre nego što mi je vratio moju odeću, i sišao, naravno, bez bunde.

U salonu Kafea kod Saveznika, uglavnom slabo posećenom, dvojica ljudi koji su tražili da me vide, ipak ne pokazujući nestrpljenje, lako su se mogli prepoznati: nije bilo nijednog drugog posetioca. Sedeći za stolom sasvim blizu izlaznih vrata, pred gotovo praznim čašama piva, podigli su oči ka meni, i jedan od njih mi je pokazao (pre rezigniranim nego zapovedničkim pokretom) praznu stolicu očigledno pripremljenu za mene. Po njihovim odelima odmah sam shvatio da je reč o nemačkim policajcima u civilu, koji su mi, uostalom, kao uvod pokazali zvanične legitimacije koje potvrđuju njihove funkcije i obavezu da od mene dobiju tačne, istinite odgovore, i to bez odugovlačenja. Mada ne naročito pričljivi, i ne nalazeći za shodno da ustanu sa stolica prilikom mog dolaska, pokretima i držanjem, kao i malobrojnim rečima, ponašali su se ljubazno, pa čak u izvesnoj meri i dobronamerno, barem na prvi pogled. Onaj mlađi govorio je jasan i korektan francuski, bez preteranih tančina, i osetio sam se počašćen tom ljubaznošću policije prema meni, mada sam bio potpuno svestan da tu gubim važno sredstvo da izvrdam neko nezgodno pitanje, praveći se da ne shvatam tačan smisao ili očigledne aluzije.

Prema onome što sam letimično video na njihovim legitimacijama, onaj od njih koji nije govorio moj jezik – bilo iz neznanja, ili iz proračunatosti – nalazio se na višoj lestvici u hijerarhiji. Izgledao je kao da se dosađuje i da je pomalo odsutan. Onaj drugi mi je ukratko objasnio situaciju: izvesna strana

(da kažemo samo toliko) osumnjičila me je za zloči-
načko delo za koje su oni zaduženi od toga jutra. Po-
što ni žrtva niti bilo koji potencijalni osumnjičeni ne
pripadaju američkim službama, civilnim ili vojnim,
običaj je bio da u tom sektoru istragu – u svakom
slučaju, u početku – sprovodi *Stadtpolizei* Zapadnog
Berlina. On će mi, dakle, za početak, pročitati onaj
deo izveštaja koji se tiče mene. Ako imam nešto da
primetim, imam prava da ga prekinem; ali izgleda
bolje, da se ne bi uzalud gubilo vreme, da ne kori-
stim previše često tu mogućnost i da svoja lična za-
pažanja, eventualne odgovore ili komentare kojima
želim da se opravdam, sakupim u grupe, na primer,
na kraju njegovog uvodnog izlaganja. Klimnuo sam
glavom, i on je bez odlaganja počeo da čita otkuca-
ne listove izvučene iz debele aktovke:
„Zovete se Boris Valon, rođeni ste meseca okto-
bra 1903. u Brestu, ne u Belorusiji, nego u ratnoj lu-
ci u francuskoj Bretanji. Barem ste pod tim identite-
tom prošli kontrolni punkt u Fridrihštrase kako biste
ušli u zapadni deo našeg grada. Međutim, tridesetak
časova ranije, napustili ste Saveznu Republiku na
graničnom prelazu Bebra s pasošem u kojem je sta-
jalo drugo prezime, Roben, i drugo ime, Anri; upra-
vo taj dokument, uostalom, takođe ste pokazali u vo-
zu, prilikom vojne kontrole koju je izazvalo vaše
čudno ponašanje na stanici Biterfeld. To što imate
nekoliko *Reisepass* koji izgledaju kao autentični, ali
glase na različita imena, navode različita mesta ro-
đenja i zanimanja, neće biti upotrebljeno protiv vas:
to je čest slučaj sa francuskim putnicima na zadatku,
i to nije naša stvar. U načelu, ne tiče nas se ni vaš ra-
spored od ulaska u sovjetsku zonu, kod Gerštungen-
-Ajzenaha, pa sve do izlaska iz Istočnog Berlina i
prelaska u sektor pod američkom okupacijom.

Ali utvrđeno je da ste ovu noć (od 14 na 15) proveli na prvom spratu ruševne zgrade koja gleda na Žandarmenmarkt, tačno naspram tog prostranog razrušenog trga gde je izvesni pukovnik Fon Brike, oko ponoći, bio žrtva prvog zločinačkog napada: dva revolverska hica su došla s jednog od razvaljenih prozora na pomenutoj zgradi, i samo mu okrznula ruku. Jedna stara gospođa bez sredstava, po imenu Ilze Bak, ilegalno stanuje tu uprkos nezdravim uslovima na tom mestu, gde nema električne struje niti tekuće vode, i formalno vas je prepoznala među raznim fotografijama koje su joj pokazane. Ona tvrdi da su hici došli iz malog, napola razvaljenog stana koji nije pogodan za život, a smešten je na istom spratu kao i njen. Videla je da ste došli kad je pao mrak i da ste iz njega prvi put izišli tek posle pucnjave. Za vreme davanja izjave, mada joj to niko nije sugerisao, ona je pomenula vašu debelu krznenu bundu, iznenađena što je tako dobro odeven putnik došao da spava u tom klošarskom sastajalištu.

Videla vas je kako sledećeg dana odlazite noseći prtljag, ali bez velikih brkova koje ste imali prethodnog dana. Mada je ova osoba tokom svog iskaza pokazala da je hvataju povremene, ali očigledne mentalne slabosti, pojedinosti koje je iznela o vama ostaju uznemirujuće, utoliko pre što ste, čim ste stigli u Krojcberg (pešice, niz Fridrihštrase) upitali za put mladu konobaricu u pivnici Spartakus, koja vam je pokazala gde se nalazi Feldmeserštrase koju ste tražili, i gde ste odmah uzeli hotelsku sobu – baš ovde – na nekoliko koraka od zvaničnog prebivališta vaše navodne žrtve, a danas stana njegove bivše supruge, Francuskinje Žoel Kastanjevica. Pošto je vašim koracima upravljalo nešto drugo, a ne slučajnost, ova podudarnost očigledno može izgledati sumnjiva.

Dalje, taj isti oficir specijalne službe Vermahta, Dani fon Brike, ubijen je prošle noći (ovoga puta zaista) u 1 i 45 izjutra: dva metka iz blizine ispaljena u grudi iz automatskog pištolja kalibra 9 milimetara, što je, po stručnjacima, oružje istovetno onome koje ga je tri dana ranije samo lako ozledilo. Meci kojima su izvršena oba napada svaki put su pronađeni na licu mesta, to jest, drugi put, na gradilištu zgrade u rekonstrukciji koja gleda na Viktorija Park, dakle na trideset pet minuta odavde laganim korakom. Tačan trenutak ubistva saopštio nam je noćni čuvar koji je čuo prasak i pogledao na časovnik. Dve čaure metaka korišćenih prilikom uspelog drugog navrata ležale su u prašini u blizini leša. Što se tiče čaura iz prvog, neuspelog pokušaja u Istočnom Berlinu, pronađene su u stanu koji nam je naznačila gospođa Bak, pored razvaljenog prozora bez okvira, odakle nas uverava da je čula da ste vi pucali. Ova gospođa možda je zaista napola luda i svuda vidi sadističke zločince ili prerušene izraelske špijune, ali ipak moramo priznati da njeno ludilo ovde potvrđuje nekoliko suštinskih tačaka u našoj istrazi, naučnoj i nepogrešivoj..."

Na te reči komplimenta koje je na izvestan način sam sebi uputio, policajac je podigao lice ka meni da bi se zapiljio pravo meni u oči. Ne izgubivši pribranost, osmehnuo sam mu se, kao da i samog sebe povezujem s tom pohvalom, ili joj se barem ljubazno podsmevam. U stvari, njegova priča, čiji je kucani tekst on sada čitao, ali na kojem je nesumnjivo više puta slobodno improvizovao (njegova poslednja rečenica, na primer, izgledala mi je kao lični komentar) uopšte me nije iznenadila: pre je potvrđivala moje sumnje u vezi sa zločinom koji je neko hteo da svali na mene. Ali ko tačno: Pjer Garen? Jo? Valter fon Brike?... Trudio sam se, dakle, da odgovaram iskreno, ipak u nedoumici oko toga šta imam prava da otkrijem berlinskoj policiji u vezi s navodnim zadatkom, sve nejasnijim, čija sam polako postajao žrtva.

Ali pre nego što sam odlučio da progovorim, moj sagovornik je odjednom pogledao svog nadređenog, koji je upravo ustao. I ja sam podigao pogled ka toj osobi visokog stasa čije je lice iznenada promenilo izraz: nezainteresovanost obojenu umorom smenila je velika, gotovo nestrpljiva pažnja, dok je neprekidno posmatrao nešto iza mene, pored stepeništa koje vodi na prvi sprat. Frankofoni podređeni brzo je ustao i stao kao ukopan, gledajući i sam u istom pravcu, s revnošću lovačkog psa u zasedi, primetnom koliko i iznenadnom.

Ne ustajući sa stolice i ne pokazujući nikakvu žurbu, i ja sam okrenuo glavu kako bih video predmet njihovog iznenadnog uzbuđenja. Zastavši pred njima pre nego što je sasvim sišla, na poslednjem stepeniku se pojavila Marija, za kojom je išao jedan *Schupo* u uniformi, koji je obema rukama na grudima u vodoravnom položaju držao koferčić priličnih dimenzija, pažljivo i sa strahopoštovanjem, kao da se radi o nekom predmetu velike vrednosti. A na usnama ljubazne sobarice čitale su se, bez sumnje na nemačkom, brižljivo oblikovane, reči neme poruke koju je upućivala onima koji su me optuživali. Ta devojka naivnog izgleda takođe je, dakle, pripadala lokalnoj obaveštajnoj službi, kao uostalom i većina posluge po berlinskim hotelima i pansionima. Čim sam spustio pogled na nju, Marija je, očigledno, prekinula sa svojom mimikom, koja se smesta pretvorila u nevin osmeh upućen meni. Glavni inspektor dao im je znak da priđu, što su oni brzo i učinili.

Pošto je Marija sklonila one dve gotovo prazne čaše, policijski agent je položio svoj dragoceni teret na naš sto kako bi otvorio i podigao poklopac, stalno vodeći računa o svim predostrožnostima kakve se preduzimaju prema umetničkim predmetima. Unutra, uredno poređane jedna pored druge i razdvojene velikim gužvama mekog papira, nalazilo se sedam providnih plastičnih vrećica, od kojih je svaka bila zatvorena uzicom na kojoj je stajala rukom, gotičkim slovima ispisana etiketa, nečitljiva za Francuza. Ali u toj zbirci sam bez ikakve teškoće prepoznao balsku cipelicu odozgo ukrašenu plavim šljokicama, čija postava od belog ševroa je sada bila umrljana u crveno, automatski pištolj bereta 9 mm, četiri čaure koje su izgleda ispaljene iz tog oružja, golu plastičnu lutkicu boje puti kojoj su iščupane ruke, satenske gaćice s volanima od nabrane čipke za koje sam verovao da su sklonjene od pogleda u mom toaletnom ormariću, bočicu od belog stakla koja je sadržala ostatak isto tako bezbojne tečnosti u kojoj je plivala cevčica s pipetom pričvršćena za zavrnuti poklopac, opasni komad polomljene visoke čaše za šampanjac čiji je oštri vrh još nosio debele tragove krvi.

Policajac koji mi je upravo pročitao izveštaj o istrazi me je, pošto je malo poćutao, upitao da li prepoznajem ove predmete. Tada sam ih pažljivo do detalja razgledao i odgovorio bez uzbuđivanja:

„Ista ovakva cipela nalazila se na polici u plakaru, u sobi u kojoj sam spavao sa Žoel Kast, ali nije bila umrljana krvlju i bila je za desnu nogu; ovde, međutim, imamo levu cipelu. Pištolj koji ste, čini mi se, upravo našli među mojim stvarima, ostavljen je dok sam spavao u džep na mojoj bundi; lično sam utvrdio njegovo sumnjivo prisustvo kad sam se probudio.

143

— Nikad ranije ga niste videli?... Na primer, u ru-
ševnom stanu koji gleda na Trg žandarmerije?

— Neki automatski pištolj zaista se nalazio u fi-
oci u stolu; ali, ako se dobro sećam, model je bio
manjeg kalibra. Što se tiče praznih čaura, savršeno
mi je nepoznato otkuda one... Naprotiv, unakažena
lutka dolazi pravo iz jednog sna iz detinjstva.

— Sna koji ste vi sanjali?

— Ja, kao i nebrojeni drugi dečaci! Što se tiče bo-
deža od kristala, to kao da je komad čaše za penuša-
vo vino u kojoj se nalazila crvena boja, a koju sam
primetio u sobi kod Žiži, Žoeline ćerke, gde su se,
takođe, sred groznog nereda, vukle i svilene gaćice
umrljane menstrualnom krvlju. One se, međutim, ne
mogu zameniti za ovaj komad intimnog rublja koji
mi ovde pokazujete: na njima nije bilo nikakvog
ukrasa od čipke i njihova jednostavna tkanina, za
učenice, nije bila probodena u visini otvora vulve.

— Može li se onda znati gde ste pokupili ovo iz-
bušeno rublje, nađeno ovde, u vašem kupatilu?

— Nigde ga nisam pokupio. Kao i povodom be-
rete, jedino objašnjenje bilo bi to da je neko, čiji mi
identitet izmiče, uneo te krivotvorene predmete u
moj život, verovatno u nameri da na mene svali zlo-
čin oko kojeg mi mnogo toga baš nije jasno.

— A šta bi, u vašem ne naročito uverljivom sce-
nariju, predstavljala ova bočica čija pipeta je još do
pola puna? Kakvu bi vrstu tečnosti ona trebalo da
sadrži?"

To je, istinu govoreći, jedini element u šarolikom
sadržaju koferčića koji me ni na šta ne podseća. Ka-
da je ponovo bolje pogledam, vidim da na telu boči-
ce, neodređeno nalik farmaceutskoj, pod izvesnim
uglovima može da se vidi natpis na zamućenim lini-
jama na kojima se nalazi lik slona, iznad kojeg stoji

grčko ime tog sisara, čudno ispisano velikim ćiriličnim slovima (među kojima je i jedno rusko es, čiji je oblik kao u latinskog C, umesto sigme na kraju), a ispod, sitnijim slovima, sledi nemačka reč „*Radierflüssigkeit*", čiji smisao za mene ostaje tajanstven... Ali odjednom mi nešto padne na pamet, kad pomislim na umetničku delatnost Valtera fon Brikea: *Radierung* znači graviranje azotnom kiselinom... Pomislivši da je bolje da za sada ne pominjem veoma kompromitujuće erotske crteže svog rivala, odlučujem se za drugi, manje određen odgovor:

„To bi lako mogao biti neki narkotik ili otrov koji bi mi pomutio pamet, koji već danima sipaju kap po kap u sve što pijem: kafu, pivo, vino, koka-kolu... čak i u vodu iz česme.

– Da, naravno... Vaša psihoza, ili vaš izgovor, da postoji mahinacija organizovana protiv vas uz pomoć raznih droga, takođe stoji među podacima u našem dosijeu. Ako sumnjate na nekoga konkretno, u svakom slučaju bi bilo u vašem interesu da nam kažete njegovo ime."

Još nagnut nad koferčić, širom otvoren na stolu, ali iznenada podigavši pogled (slučajno, ili možda zbog nekog zvučnog sašaptavanja s te strane?) ka slabo osvetljenom dnu sale, utvrdio sam da su Marija i stariji policijski službenik, stojeći uz šank kao što sam i ja stajao pred kolegom koji je ostao da sedi, okrenuvši im leđa, živo razgovarali, mada su izbegavali da podignu glas. Oboje veoma opušteni, izgledali su kao da se odavno poznaju, i najpre sam pomislio, zbog njihovih ozbiljnih izraza lica, da je reč o čisto profesionalnim odnosima. Ali muškarčev iznenadan veoma nežan pokret zatim me je naveo na zaključak da među njima postoji mnogo veća bliskost, u najmanju ruku s jakim seksualnim konotacijama u pozadini... Osim ako, kada su primetili da sam obratio pažnju na njihovo izdvajanje, koje se svakako ticalo mene, nisu naprosto hteli da me zavaraju.

„U svakom slučaju", nastavlja moj islednik, „ima nešto što odmah ruši vašu pretpostavku. S jedne strane, ne radi se o otrovu, nego o tečnosti za brisanje, kao što, premda na nemačkom, jasno piše na bočici. (Ta tečnost za brisanje zadivljujuće deluje, da dodam ja, i ni po čemu ne menja površinu ni najtanje hartije). A s druge strane, vaši otisci prstiju nađeni su na staklu, jasni i brojni, bez ikakve mogućnosti za grešku."

Na te reči, policajac ustaje i zatvara koferčić, čiji sadržaj me – misli on – nedvosmisleno optužuje. Dvostruka brava na poklopcu klikne kada se pokrene nepogrešivi mehanizam koji kao da stavlja tačku na naš razgovor.

„Taj čovek", kažem ja tada, „koji pokušava da na mene svali svoj zločin, zove se Valter fon Brike, rođeni sin žrtve.

– Na nesreću, taj sin je poginuo maja '45, u vreme poslednjih borbi kod Meklenburga.

– Tako kažu svi učesnici u zaveri. Ali lažu, mogu da pružim dokaze. I ta smišljena zajednička laž, naprotiv, otkriva identitet ubice.

– A koji bi bili njegovi motivi?

– Žestoko suparništvo neskriveno edipovskog karaktera. Ta prokleta porodica je pravo tebansko kraljevstvo!"

Policajac kao da razmišlja. Na kraju odlučuje da polako, glasom koji je postao sanjalački, dalek, osmehujući se neodređeno, iznese argumente koji, s njegovog stanovišta, svedoče o nevinosti mog navodnog krivca:

„U svakom slučaju biste bili, dragi gospodine, u lošem položaju da optužujete nekoga na takvim osnovama... Štaviše, ako sve tako dobro znate, morali biste znati i to da je taj sin, koji je zaista preživeo, uprkos teškim povredama očiju, danas jedan od naših nezamenljivih agenata, upravo zbog svoje prošlosti, kao i svojih sadašnjih veza s mnogim mutnim poslovima, manje-više tajnim društvima i svakojakim poravnavanjima računa kakvi danas cvetaju u Berlinu. Znajte još, na kraju, da je naš dragoceni VB (kako ga zovemo) slučajno, upravo u trenutku kada je njegov otac ubijen, prošao rutinsku kontrolu koju je te noći obavljala *Military Police*, u neposrednoj okolini svoje kuće. Trenutak kada su ispaljeni hici koje je primetio čuvar gradilišta, na Viktorija Parku, i trenutak kada je Vebe pokazao svoj ausvajs američkim vojnom policajcu dva kilometra dalje, savršeno se poklapaju."

Dok poredim sopstveni raspored s ovim poslednjim elementima policijske istrage, koji me iznova bacaju u duboka lična razmišljanja i uznemirujuća sećanja, zadovoljni službenik uzima svoj koferčić i kreće u prema mestu gde *Schupo* stoji na straži na ulaznim vratima. Na pola puta, međutim, okrene se prema meni da bi mi zadao dodatni udarac, ne napuštajući svoj ljubazni ton.

„Takođe smo došli do jedne stare francuske lične karte na kojoj su vaše ime, prezime i mesto rođenja vešto krivotvoreni, gde umesto Brest-Senpjer stoji Berlin-Krojcberg, i gde stoji Matijas F. Frank umesto Markus f. Brike. Samo je sačuvan datum rođenja: 6. oktobar 1903.

— Morate znati da je taj Markus, Valterov brat blizanac, umro kao mali!

– Znam, naravno, ali izgleda da vaskrsavanje predstavlja nasledni običaj u toj čudesnoj porodici... Ako želite nešto da dodate svom iskazu, svakako mi javite. Zovem se Lorenc, kao veličanstveni izumitelj 'lokalnog vremena' i jednačina koje leže u osnovi teorije relativiteta... Komesar Lorenc, vama na usluzi."

I ne sačekavši moj odgovor, smesta je izišao na ulicu, u pratnji uniformisanog agenta kome je predao svoj dragoceni Pandorin kovčežić. Na drugom kraju kafea, između šanka-tezge koji je sada osvetljavala žućkasta svetlost lampe, i njegov kolega nestao je zajedno s Marijom. Oni su mogli otići samo unutra u hotel, jer nema – uveravali su me – drugih vrata koja vode napolje. Neko vreme ostao sam sâm u napuštenoj sali, gde je bila sve veća pomrčina, zaprepašćen tim dvostruko lažnim dokumentom o identitetu koji je samo mogao biti besmislena izmišljotina mojih neprijatelja, čiji mi se podrugljivi čopor opasno primicao.

Napolju je bila već gotovo noć, i kejovi s neravnim, grbavim pločnicima izgledali su potpuno pusto na jednoj i drugoj obali. Rasklimane ploče slabo su svetlucale, vlažne od noćne izmaglice, što je još više isticalo njihovu reljefnost. U dnu mrtvog kanala, naspram mene, sećanje iz detinjstva još je stajalo na svom mestu, nepomično i tvrdoglavo, možda preteće, ili samo očajno. Starodrevni odsjaj, odmah iznad, osvetljavao je svojom svetlošću, plavičastom od magle koja je počela da se diže, u znalački sračunatom pozorišnom oreolu, kostur od trulog drveta fantomskog broda, večno ostavljenog usred brodoloma...

Mama je ostala tamo ne napravivši više nijedan pokret, nema, ukopana kao kip pred žutom vodom. A ja sam se zakačio za njenu opuštenu ruku, pitajući

se šta ćemo sada da radimo... Povukao sam je za ru-
ku malo jače, da je probudim. S nekom vrstom is-
crpljene rezignacije, rekla je: „Dođi, Marko, polazi-
mo... Pošto je kuća zatvorena. Treba da se vratimo
na severnu stanicu najkasnije za sat vremena. Ali
prethodno moram da odem po naše kofere..." A za-
tim, umesto nekakvog znaka da će krenuti da napu-
sti to zastrašujuće, pusto mesto koje nas nije htelo,
počela je tiho da plače, bez šuma. Nisam razumeo
zašto, ali se ni ja nisam micao. Kao da smo oboje bi-
li mrtvi, a da to nismo ni primetili.

Naravno, izgubili smo voz. Iscrpljeni od umora,
na kraju smo završili na nekom bezimenom, ne baš
bezbednom mestu, bez sumnje u nekoj sobi u skro-
mnom hotelu u blizini stanice. Mama nije govorila
ništa. Naš prtljag, ostavljen na gomili na golom po-
du, izgledao je nekorisno i nesrećno. Iznad kreveta,
velika uramljena slika u boji, mehanička reprodukci-
ja scene iz rata. Dva mrtva čoveka u civilnim odeli-
ma leže uz kameni zid, jedan u travi, na leđima, dru-
gi na stomaku, udova iskrivljenih u grotesknom
neredu. Očigledno je da su ih upravo streljali. Četiri
vojnika vuku svoje muskete, povijeni pod težinom
završenog posla (ili srama), udaljavaju se nalevo,
pošljunčanim putem. Poslednji nosi veliku lampu,
koja osvetljava noć crvenkastom svetlošću od koje
senke poigravaju u nestvarnom, mračnom plesu. Te
noći sam spavao s mamom.

Digao se lak povetarac, sad se čulo slabo lupka-
nje vode po kamenom zidu, odmah iznad mene. Po-
peo sam se u svoju sobu broj 3, u potrazi za novim
neizvesnostima i teskobom protivrečnosti. Bez ne-
kog jasno objašnjivog razloga, vratio sam se nazad
na vrhovima prstiju, okrenuvši kvaku na vratima uz
beskrajnu predostrožnost i krećući se po polumraku

149

krišom, poput lopova koji strahuje da ne probudi stanara. Soba je, dakle, bila utonula u pomrčinu: slaba svetlost dolazila je iz kupatila, gde je jedna neonka ostala upaljena, što je omogućavalo neometano kretanje. Odmah sam prišao čiviluku na zidu. Kao što sam, očigledno, i očekivao, pištolja više nije bilo u džepu moje bunde obešene na vešalicu. Ali zatim, pošto sam prošao duž zida na kojem je visila loša kopija Goje, gotovo crna u nedostatku osvetljenja, mogao sam da utvrdim, na jednom, naprotiv, veoma svetlom mestu, da krvave gaćice s ljupkim ukrasima još stoje u svom skrovištu, iznad lavaboa, iza pomičnog ogledala koje skriva udubljenje napravljeno u zidu za ormarić za lekove. Na donjoj polici stajao je veliki broj bočica i cevčica koje mi nisu pripadale. Na praznom mestu između dve bočice od obojenog stakla ocrtavao se trag predmeta koji nedostaje.

Vrativši se u spavaću sobu, ipak sam na kraju okrenuo prekidač kojim se pali velika sijalica u plafonjeri, i uspeo da, zaslepljen iznenadnom svetlošću, zadržim krik zaprepašćenja: neki čovek spavao je u mom krevetu. Trgavši se iz dubokog sna, odmah je seo u krevetu. A ja sam video ono čega sam se oduvek najviše pribojavao: bio je to putnik koji je uzurpirao moje sedište u vozu, kada smo se zaustavili na stanici u Haleu. Usiljen osmeh (od iznenađenja, iz straha, iz protesta) izobličavao mu je lice, već po sebi nesimetrično, ali sam ga bez oklevanja prepoznao. Ostali smo tako, nepomični i zanemeli jedan naspram drugog. Pomislio sam da možda i ja pravim istu grimasu kao i moj dvojnik... A on, iz kog li je košmara, iz kog raja tako nasilno upao, mojom krivicom?

On je prvi povratio pribranost, progovorivši na nemačkom tihim, malo promuklim glasom, koji – s olakšanjem sam se uverio – nije zaista bio moj, nego je predstavljao lošu imitaciju..., bar koliko čovek pravilno može da sudi o sebi. Rekao je: „Šta radite u mojoj sobi? Ko ste vi? Od kada ste ovde? Kako ste ušli?“

Njegovo ponašanje bilo je toliko prirodno da se umalo nisam izvinio, jer sam bio uhvaćen nespreman, a znao sam da sam i te kako kadar za takve greške: brava nije bila zaključana, ni zasun nije bio navučen, verovatno sam pogrešio vrata, a ove sobe toliko liče jedna na drugu, sve uređene prema istom obrascu... Ali onaj drugi mi ne ostavlja vremena da objasnim, i neki zloban osmeh prelazi preko njegovog mračnog lica, dok mi, ovog puta na francuskom, govori:

„Znam te, ti si Markus! Šta radiš ovde?

– Da li ste vi zaista Valter fon Brike? I stanujete u ovom hotelu?

– To sigurno dobro znaš, jer si me u njemu tražio!“

On se nasmeje, ali neprijatno i bez veselosti, s nekom vrstom prezira, gorčine, ili stare vajkadašnje mržnje koja se odjednom iznova pojavila:

„Markus! Prokleti Markus, mili sinak naše majke, one koja je odlučila mene da napusti, lakog srca, kako bi s tobom otišla u praistorijsku Bretanju!... Znači, nisi mrtav, nisi se kao mali udavio u tvom bretonskom okeanu? Ili da možda nisi avet?... Jeste, ovde odsedam, veoma često, u ovoj sobi broj 3, i ovog puta već četiri dana... ili čak pet. Možeš da proveriš u hotelskom registru...“

U mojoj jadnoj glavi je još samo jedna misao: po svaku cenu moram da uklonim tog uljeza, jednom za svagda. Nije dovoljno da ga izbacim odavde, treba zauvek da nestane. Jedan od nas dvojice je u ovoj priči suvišan. U četiri odlučna koraka prilazim bundi koja još visi na čiviluku od lakiranog drveta. Ali tada otkrivam da su dva džepa sa strane prazna: pištolj nije tu... Gde sam mogao da ga ostavim? Prelazim rukom preko lica, ne znajući više gde sam, ni ko, ni kada, ni zašto...

Kada ponovo otvorim oči i pogledam u V-a, koji još sedi u krevetu, s prekrivačem prebačenim preko nogu, vidim da mirno drži podignutu beretu, obema šakama, kao na filmu, ruku ukočenih i ispruženih napred, sa cevi uperenom u moje grudi. Nema sumnje da je oružje sakrio pod jastuk očekujući moj dolazak. A možda se i pravio da spava.

Kaže, jasno izgovarajući svaku reč: „Da, ja sam Valter, i zalepio sam se za tebe kao senka od trenutka kada si se ukrcao u voz, na polasku iz Ajzenaha, pratim te ili idem ispred tebe, u zavisnosti od toga odakle pada svetlost... Ovde sam potreban tvom prijatelju Pjeru Garenu, neizostavno potreban, radi inače važnih poslova. U zamenu za to, obezbedio mi je ovaj susret s tobom, Markuse zvani Ašer, zvani Boris Valon, zvani Matijas Frank... Da si proklet! (Glas mu odjednom postaje preteći.) Sto puta da si proklet! Ubio si oca! Vodio si ljubav s njegovom mladom suprugom, nisi ni znao da ona sada meni pripada, a zaveo si i njegovu ćerku, jedno dete!... Ali danas ću te se osloboditi, jer je tvoja uloga završena.“

Vidim kako mu se prsti na obaraču neprimetno pomeraju. Čujem zaglušujući prasak koji se rasprskava u mojim grudima... Ne boli me, samo osetim uznemirenost zbog uništenja. Ali više nemam ruke, ni noge, ni telo. I osećam kako me nosi duboka voda, guta me, ulazi mi u usta, s ukusom krvi, dok počinjem da gubim tlo pod nogama...[14]

Napomena 14 – Eto, gotovo.

Bilo je to u samoodbrani. Čim je izvukao automatski pištolj iz džepa na bundi, okačenoj na zidu, skočio sam i jurnuo na njega, koji nije očekivao da tako brzo preduzmem odbrambene korake. Nisam imao previše muke da mu otmem oružje, zatim sam poskočio unazad... Ali imao je vremena da otkoči sigurnosni sistem... Oružje je opalilo samo... Svi će mi poverovati, očigledno. Njegovi sveži otisci ostali su svuda po plavičastom čeliku. A berlinskoj policiji previše su potrebne moje usluge. Čak bih mogao, kao dodatni dokaz opasnosti u kakvoj sam se nalazio pred naoružanim napadačem, učiniti kao da je on prvi nevešto opalio za vreme kratke borbe... i da je hitac, na primer, pogodio zid iza mene, ili vrata...

U tom trenutku, okrenuvši se prema izlazu koji vodi u hodnik, vidim da su vrata širom otvorena, bez sumnje još otkako je stigao Markus, koji je zaboravio da ih zatvori... A sakrivena u senci u hodniku, u kojem su pogašena sva svetla, ocrtavala su se istovetna lica braće Maler, nepomična i bezizražajna, sleđena poput voštanih figura i priljubljena jedno uz drugo, mada ostavivši mali razmak, kako bi svaki od njih mogao da posmatra prizor kroz vertikalni otvor, previše tesan za njihovu krupnu građu. Pošto se uzglavlje kreveta naslanja na taj isti unutrašnji zid u sobi, nisam mogao, s mesta na kojem sam se nalazio, da opazim vrata... Nažalost, sad nikako ne mogu da uklonim ova dva nepredviđena svedoka...

Dok razmišljam, onoliko brzo koliko to zahteva situacija, u sadašnjim prilikama, nad kojim sam izgubio kontrolu, na brzinu razmotrivši nekoliko rešenja, sva neprimenljiva, shvatam da se dva blizanačka lica upravo rasplinjavaju, neprimetno se povlačeći. Onaj zdesna jedva da se još nazire, postajući mutan odraz onog drugog, prebledelog, malo iza... Za svega minut, Franc i Jozef Maler su nestali, kao da su se istopili u mraku. Bezmalo bih pomislio da haluciniram, da nisam jasno čuo njihove teške korake koji su se bez žurbe udaljavali hodnikom, pa onda stepenik po stepenik, niz stepenište koje se spušta u zajedničku salu.

Šta su tačno videli? Kada sam otkrio njihovu dvostruku siluetu, već sam bio bacio oružje među čaršave. A krevet, prilično visok, morao je, dakle, sakriti od njih onaj deo poda na koji je palo Markovo beživotno telo. Međutim, gotovo da sam ostao ubeđen da ih nisu uzbunili moji pucnji. Nisu mogli tako brzo da se popnu kako bi proverili odakle potiču. Dakle, oni su lepo, a da nisu ni pisnuli, prisustvovali ubistvu.

Odjednom mi je postalo očigledno: sam Pjer Garen me je izdao. Rekao je kako će braća navodno biti odsutna cele večeri, sve do kasno u noć, jer će se zadržati na informativnom sastanku NKGB u sovjetskom sektoru. Očigledno da ništa slično nije bilo predviđeno, jer im je on istovremeno, naprotiv, otkrio mesto i vreme mog presudnog učešća: u hotelu Saveznici, odmah po odlasku berlinske policije. Kao za maler, bio sam nemoćan protiv tih dvostrukih dvostrukih agenata, koji pola vremena rade za CIA, pa tako uživaju svaku moguću zaštitu... Što se tiče lepe Jo, kakva je mogla biti njena uloga u ovom zamršenom planu? Sada izgleda da je svaka sumnja dozvoljena...

Bio sam utonuo u svoja nemirna razmišljanja, kada dvojica vojnih bolničara iz američke bolnice uđoše u moju sobu, odlučnim i brzim korakom. I ne pogledavši me, niti mi uputivši ni reč, kao da se tu ne nalazi niko živ, u nekoliko sigurnih pokreta natovarili su na nosila na rasklapanje žrtvu, čiji udovi nisu ni stigli da dođu do stepena neugodne ukočenosti svojstvenog leševima. Dva minuta kasnije, ponovo sam bio sam, ne znajući više šta da radim, posmatrajući stvari oko sebe kao da ću ugledati ključ za svoje probleme kako visi na nekom čiviluku, ili je slučajno oboren na pod. Sve je izgledalo prirodno, kao da se ništa nije desilo. Nikakav trag krvi nije umrljao pod. Otišao sam da zatvorim vrata, koja su ćutljivi arhanđeli belih krila ostavili širom otvorena, otišavši sa svojim beživotnim plenom... Pošto sam još bio u pidžami, pomislio sam da je najbolje da malo prilegnem u krevet i sačekam nastavak događaja, ili iznenadno nadahnuće, a možda čak i da zaspim.

———————

Tišina, sivilo... I bez sumnje, ubrzo, neizrecivo... Naravno, nikakvog pokreta. Ali to ipak nije najavljena tmina. Odsustvo, zaborav, iščekivanje, mirno se kupaju u sivilu koje je uprkos svemu prilično svetlo, poput prozirne magle zore koja sviće. I samoća, i ona će biti varljiva... U stvari, biće tu neko, isti i drugi u jedan mah, uništitelj i čuvar poretka, pripovedačko prisustvo i putnik..., elegantno rešenje za problem koji nikad nije rešen: ko govori, sada i ovde? Uvek već izrečene stare reči se ponavljaju, pričajući uvek istu staru priču, iz veka u vek, ispričanu u još jednom navratu, i uvek novu...

EPILOG

Markus fon Brike, zvani Marko, zvani „Ašer", sivi čovek, pokriven pepelom, koji se diže sa sopstvene ohlađene lomače, budi se u bezobličnoj belini savremene bolničke ćelije. Leži na leđima, glava i ramena pridignuti su na gomili tvrdih jastuka. Cevčice od stakla ili providne gume, prikačene za razne postoperativne aparate, oduzimaju njegovom telu, kao i udovima, veliki deo pokretljivosti. Izgleda kao da mu je sve utrnulo, čak bolno, ali ne zaista bolesno. Žiži stoji pored kreveta i posmatra ga s ljubaznim osmehom kakav još nije video na njoj. Ona kaže:

„Sve je u redu, gospodine Fau-Be, bez brige!
– Gde smo? Zašto...?
– Američka bolnica Šteglic. Poseban tretman za izuzetne slučajeve."

Marko shvata još jedan pozitivan element u sadašnjoj situaciji: govori bez velikih teškoća, mada nesumnjivo neprirodno sporim i lepljivim glasom:

„A otkuda takva milost?
– Braća Maler, uvek tamo gde su potrebni... Brzina, delotvornost, hladnokrvnost, diskrecija!
– Šta je tačno sa mnom?
– Dva metka, kalibra devet milimetara, gornji deo trupa. Ali previše visoko i previše udesno. Loš položaj strelca, koji je sedeo na krevetu s previše

157

mekim oprugama, pojačan slabim vidom usled stare povrede iz rata. Onaj idiot Valter nije više ni za šta! I toliko je siguran u sebe da čak nije ni pomislio da bi njegova žrtva mogla da ga izigra i da se napravi mrtva, što je Dani već odglumio prve večeri, na Žandarmerijskom trgu... Ipak ste imali sreće. Jedan metak vam se udobno smestio u desno rame, drugi ispod ključnjače. Dečja igra za *number one* hirurge kakve ovde imamo. Zglob je gotovo netaknut.

– Otkuda vam svi ti podaci?

– Od kostolomca, od koga drugog? ... On je stalni gost u dobroj staroj Sfingi, dobar čova, uostalom, vrlo vešt s rukama... A ne kao onaj mufljuz od doktora Huana, koji bi vas dokusurio za pet sekundi...

– Ako nije indiskretno: ko je dokrajčio onoga koga zovete Dani?

– Pa neću valjda da ga zovem tata!... Valter, naravno, on ga je na kraju poslao *ad patres*. Očas posla: ovog puta zauvek. Nije za džabe dobio diplomu elitnog strelca.

– Stavili su ga iza brave, nadam se, posle novog pokušaja ubistva?

– Valtera? Ma ne... Zašto bi? Nije njemu prvi put, znate... Osim toga, porodične svađe treba raspraviti među sobom, bezbednije je."

Njena poslednja rečenica uopšte nije bila izgovorena istim lagodnim tonom kojim se devojka razmahivala od početka razgovora. Ove reči kao da je prošištala kroz stisnute zube, dok je nešto uznemirujuće bljesnulo u njenim zelenim očima. Tek tada sam primetio u kakvoj se odeći danas devojka pojavila: u belom bolničarskom mantilu, veoma tesnom, i toliko kratkom da čovek može da se divi svilenkastoj koži njenih besprekorno potamnelih nogu, visoko od butina, pa sve do previše labavih soknica. Pošto joj nije promaklo kuda je uperen moj pogled, Žiži se brzo ponovo osmehne, napola izveštačeno, napola izazovno, kako bi ne baš uverljivim argumentima objasnila neobičnu toaletu u kojoj me je posetila:

„Ovde je obavezna bolničarska odeća, da bih se mogla slobodno kretati kroz razne službe na klinici... Sviđa vam se? (Iskoristi priliku da ljupko vrcne zaobljenim bokovima i bedrima, okrenuvši se oko sebe u punom krugu.) Pazi, ova odeća je veoma cenjena, bez ičega ispod nje, u nekim od naših noćnih klubova koji služe kao vojnička uteha. Kao i mala prosjakinja, hrišćanska robinja, istočnjačka odaliska, ili mlada balerina u kratkoj suknjici. Osim toga, u ovoj bolnici, na odeljenju za mentalnu negu, postoji i odeljak za afektivnu partenoterapiju: mentalno zdravlje krzo trgovinu preadolescentkinjama...“

Laže, očigledno, s uobičajenom drskošću. Prelazim na drugu temu:

„A šta se desilo s Pjerom Garenom posle svega ovoga?

— Otišao bez pozdrava. Izdao je previše ljudi odjedanput. Malerovi su morali da ga sklone. Čovek može da računa na njih: odanost, posvećenost, tačnost... Usluga i pakovanje uključeni u troškove.

— Valter se sada plaši?

— Valter je razmetljivac, ali se u suštini svega plaši. Plaši se Pjera Garena, plaši se dvojice Malera, Franje-Josifa, kako ih zovemo, plaši se komesara Lorenca, plaši se Ser Ralfa, plaši se Jo, plaši se svoje senke... Mislim da se čak i mene plaši.

— Kakva je tačno veza između vas dvoje?

— Veoma jednostavna: on je moj polubrat, kao što znate... Ali pravi se kao da je moj pravi otac... A još je i moj podvodač... Mrzim ga! Mrzim ga! Mrzim ga!...“

Iznenadna žestina njenih reči propraćena je, paradoksalno, igrom, valcerom u ritmu tri reči koje ponavlja s izazovnim i ljupkim izrazom lica, dok mi prilazi da mi spusti mali poljubac na čelo:

„Laku noć, gospodine Fau-Be, ne zaboravite svoje novo ime: Marko Fau-Be, to je nemački izgovor za V. B. Budite dobri i odmorite se. Skinuće vam sve cevčice za podmorsko ronjenje, nisu vam više potrebne." Već je na pola puta do vrata, kada se vrati u živahnom okretu od kojeg se njena meka plava kosa razleti, kako bi dodala: „Ah! zaboravila sam ono najvažnije: došla sam da vam najavim posetu gospodina komesara Hendrika Lorenca, koji želi da vam postavi još neka pitanja. Budite ljubazni prema njemu. Cepidlaka je, ali je pristojan, i kasnije može da vam bude od koristi. Ja sam samo došla u izvidnicu, da mu kažem da li ste u stanju da odgovarate. Potrudite se da se tačno setite onoga što vas pita. Ako ste prinuđeni da izmislite neku pojedinost, ili celu sekvencu, izbegavajte previše vidne protivrečnosti s ostalim. Osim toga, naročito pazite da ne pravite greške u sintaksi: Hendrišu ispravlja moje, jednako dobro na francuskom, kao i na nemačkom!... U redu! Ne mogu duže da ostanem s vama: moram da se pozdravim s prijateljima u drugoj službi."

Ova bujica reči me je malo ošamutila. Ali čim je ona izišla na vrata, čak i pre nego što su se ona zatvorila za njom, zamenjuje je druga bolničarka (koja je možda čekala u hodniku), mnogo verodostojnija po svemu: tradicionalni mantil koji se spušta gotovo ispod lista, okovratnik zakopčan do grla, zategnuta kosa, oštri pokreti svedeni na ono neophodno, hladan profesionalni osmeh. Pošto je proverila nivo bezbojne tečnosti, iglu na manometru, ispravan položaj kaiša oko moje leve ruke, skida većinu mojih

160

pupčanih vrpci i daje mi injekciju u venu. Sve to nije trajalo ni tri minuta.

Uletevši zatim, trenutak pošto je hitra radenica izišla, Lorenc se izvinjava što će me još malo uznemiravati, seda kraj mog uzglavlja na stolicu lakiranu u belo, i iznebuha me pita kada sam poslednji put video Pjera Garena. Dugo razmišljam (moj mozak, kao i sve ostalo, i dalje je prilično ošamućen) pre nego što mu konačno odgovorim, ne bez izvesnog oklevanja i ustezanja:

„Kad sam se probudio, u sobi broj 3, u hotelu Saveznici.

– Kog dana? U koliko sati?

– Verovatno juče... Teško mogu da tvrdim s potpunom sigurnošću... Vratio sam se smožden od duge noći provedene sa Žoel Kast. Razni napici i droge koje mi je dala da popijem, zajedno s ljubavnim nasrtajima koji su sledili jedan za drugim, doveli su me u zoru u neku vrstu obamrlosti, pospanosti koja se graničila s letargijom. Ne znam koliko sam vremena mogao spavati, naročito zato što sam se u više navrata trzao iz sna: zbog velikog aviona koji je leteo previše nisko, zbog nekog drugog gosta koji je promašio vrata, zbog Pjera Garena, koji nije imao ništa posebno da mi kaže, zbog ljubazne Marije koja mi je donela doručak u nevreme, zbog onog ljubaznijeg od braće Maler, koji je bio zabrinut zbog mog preteranog umora... U stvari, u svakom slučaju zbog Pjera Garena, to je moralo biti prekjuče... Izgleda da je nestao?

– Ko vam je to rekao?

– Ne znam više. Verovatno Žiži.

– Čudilo bi me da nije! U svakom slučaju, ponovo se pojavio danas, plutajući po kanalu. Izvadili su njegov leš, zakačen za stub na starom pokretnom mostu, na ulazu u mrtvi rukavac na koji gleda vaša soba. Bio je već nekoliko časova mrtav, a ne može biti ni govora o slučajnom davljenju. Na leđima ima duboke rane od hladnog oružja, koje su prethodile padu preko ograde na mostu.

— Mislite li da je gospođica Kast obaveštena?

— Ne samo da mislim: ona lično nam je javila za prisustvo tela koje pluta između dve vode, tačno ispred njene kuće... Veoma žalim zbog vašeg ličnog mira, ali na vas padaju nove sumnje, jer ste ga vi poslednji videli živog.

— Nisam izlazio iz sobe, gde sam zaspao kao klada odmah posle njegovog odlaska.

— Bar vi tako tvrdite.

— Da! I to kategorički!

— Čudno ubeđenje za nekoga čije je sećanje toliko zbrkano da se ne seća ni tačnog dana...

— S druge strane, što se tiče vaših prethodnih sumnji u vezi sa mnom, zar braća Maler nisu posvedočila u korist moje pretpostavke? Sad imamo dokaz da je Valter fon Brike nemilosrdni ubica. Sve psihički ukazuje na njega kao na ubicu svog oca, a možda, prethodne noći, i nesrećnog Pjera Garena.

— Dragi moj gospodine V. B., ne trčite pred rudu! Franja Josif nema nikakav komentar u vezi s oberfirerovim pogubljenjem. Dakle, nije se pojavilo ništa što bi obezvredilo optužbe protiv vas u toj stvari. Štaviše, ne možemo da zaboravimo da ste vi pokušali da izvršite nasilnu obljubu nad osobom po imenu Violeta, jednom od lepih mladih kurvica koje rade u Sfingi i stanuju u prostranoj kući gospođe Kast.

— Kakav pokušaj? Gde? Kad? Nikad nisam čak ni sreo tu devojku!

162

— Kako da ne: u najmanje dva navrata, upravo kod Žoel Kast. Prvi put u salonu u prizemlju, gde vam je na vaš zahtev domaćica predstavila nekoliko lepih živih lutki bez previše odeće na sebi. A drugi put sledeće noći (to jest, od 17 na 18) kada ste devojku (nesumnjivo izabranu dan ranije) napali u jednom uglu u hodniku na prvom spratu, koji vodi u sobe, one privatne i one ostavljene na raspolaganje gospodi koja su u prolazu. Bilo je negde oko pola dva izjutra. Izgledali ste pijano, ili drogirano, kaže ona, lice vam je bio kao u ludaka. Tražili ste ključ, dobro poznat seksualni simbol, dok ste drugom rukom preteći mahali drugim simbolom: onim kristalnim sečivom koje je nađeno među našim dokaznim materijalom. Pošto ste izboli donji trbuh vaše žrtve, pobegli ste, ponevši sa sobom za uspomenu jednu njenu cipelu, umrljanu krvlju. Kada ste izišli na kapiju u malom vrtu, pukovnik Ralf Džonson, mimoišavši se sa vama, primetio je vaš izbezumljen izgled. Petnaest minuta kasnije, našli ste se u Viktorija Parku. I Violeta, i američki oficir opisali su vaše lice i vaš kaput s dvostrukom postavom tako da ne ostaje nikakva sumnja u vezi s identitetom napadača.

— Vrlo dobro znate, Komesare, da Valter fon Brike liči na mene toliko da nas čovek može zameniti, i da je lako mogao da pozajmi moju bundu dok sam se ja rvao s čarobnicom Jo.

— Ne insistirajte previše na toj apsolutnoj sličnosti koja je obeležje pravih blizanaca. Ona bi motiv oceubistva koji pripisujete onome čiji biste tako bili brat mogla okrenuti protiv vas, pojačan u vašem slučaju incestuoznom vezom s maćehom koja vas zasipa miloštama... A s druge strane, zašto bi Valter, tako mudar čovek, tako jezivo unakazio skupoceni

163

dragulj ljubazne osobe koja se darovito prostituisala u okrilju njegovog ličnog preduzeća?

— Zar telesna kažnjavanja nisu uobičajena moneta u toj profesiji?

— I meni su kao i vama poznati običaji, dragi moj gospodine, i naša policija se upravo pobliže zanima za zloupotrebe maloletnih prostitutki. Ali to o čemu govorite ne bi se dogodilo na brzinu u nekom hodniku, kada je nekoliko sala za mučenje, otomanskih ili gotičkih, predviđeno za tu vrstu obreda, i otuda veoma dobro opremljeno, u podzemnom delu vile. Osim toga, mada su seksualne usluge kojima se tu obično podvrgavaju mlade štićenice najčešće duge i surove, to se uvek dešava uz njihov izričit pristanak, uz značajnu naknadu, navedenu u pravilniku. Recimo odmah, dakle, da izgovor prema kojem bi to bila kazna za neku grešku, kojoj je mogla a i nije morala prethoditi parodija ispitivanja i osude navodnog krivca, predstavlja samo ljubak alibi koji mnoga gospoda traže kao začin koji daje poseban ukus njihovom omiljenom uživanju. Konačno, erotska mučenja kojima se tada podvrgava zatočenica, koja obavezno mora ostati nekoliko dana vezana lancima u tamnici, po želji bogatog ljubitelja, koji uglavnom sam sprovodi čitav niz poniženja i surovosti koje su do detalja zapisane u presudi (opekotine cigarom na nežnim intimnim mestima, posekotine u nežnom mesu od raznih bičeva i šiba, i čeličnih igli lagano zabadanih na osetljiva mesta, užarenih tampona s eterom ili alkoholom zavučenih u vulvu, itd.) nikada ne smeju ostaviti ni trajne belege, niti i najmanji gubitak čvrstine.

Na primer, kod naše Jo, pune predostrožnosti, dobri doktor Huan je tu kako bi obezbedio bezopasnost izvanrednih maštarija koje u sebi nose najveće opasnosti. U stvari, naša specijalna brigada interveniše samo pod veoma izuzetnim okolnostima, i ozbiljni svodnici znaju da svaka previše očigledna zloupotreba povlači za sobom brzo zatvaranje lokala. Jednom, za vreme blokade, morali smo da prekinemo posao s trojicom Jugoslovena koji su lepe bezazlene devojčice i veoma mlade žene bez zaštitnika mučili toliko preterano da bi one na kraju i bez gledanja potpisivale ugovor koji je omogućavao nečasnim dželatima da ih zatim teraju da pate još groznije, preko svake mere, ali savršeno legalno, prodajući skupo kao zlato njihova ljupka tela izložena zastrašujućim mašinama koje će ih malo-pomalo iščašiti, iskriviti i bez sumnje im iščupati udove iz zglobova, uz slatki strah pred sudbinom koja im se iznenada najavljuje, njihova očajnička preklinjanja, čarobna objašnjenja, strasne poljupce, uzaludne suze, i ubrzo, surovo prodiranje falusom s bodljama, bolne urlike od opekotina užarenim gvožđem i kleštima, krv koja lije iz ružičastih izvora, postepeno kidanje nežnih ženskih čari, konačno, duge jecaje i grčevito drhtanje koji se u uzastopnim talasima šire po čitavom izmučenom telu, praćene, uvek previše rano, nažalost, poslednjim uzdahom. Najbolji komadi njihove anatomije zatim bi bili pojedeni, pod nazivom „ražnjići od divlje srne“ u specijalizovanim restoranima u Tirgartenu.

„Budite ubeđeni, dragi moj prijatelju, da te prevare nisu bile dugog veka, jer smo svoj posao radili brižljivo, mada sveobuhvatno, jer je eros po prirodi povlašćena oblast frustracije, zločinačkih maštanja i neumerenosti. Mora se priznati da, kada se jednom uzbudljiva žrtva prepusti svojoj sudbini na nekom krstu ili kozliću u odgovarajućem nezgodnom položaju, kako vi kažete na francuskom, uz pomoć dobro zategnuzih uzica, previše nategnutih lanaca, kožnih kaiševa i stega pažljivo pričvršćenih kako bi slobodno mogla da se izvedu mnogobrojna mučenja kao i eventualna silovanja, i esteta opijen uzbuđenjem zbog žrtvovanja mogao bi se malo pomučiti da zadrži svoju ljubavnu starst u dozvoljenim granicama, još i više ako zavodljiva zatočenica ubedljivo igra komediju prepuštanja, mučeništva i ekstaze. Na kraju krajeva, ako preterivanja koja su za osudu uprkos svemu ostanu malobrojna, to znači da istinski poznavaoci pre svega cene one uslužne male mučenice koje se trude da se graciozno uvijaju u okovima i da dirljivo jecaju pod dželatovim oruđem, dok im se bedra otimaju i podrhtavaju, u grudima im bije u ritmu najbržih udaraca, i ubrzo se glava i vrat iznenada izvijaju unazad u slatkom dozivanju uništenja, dok se naduvene usne još više otvaraju u skladnom krkljanju u grlu i raširene oči tamne dok božanstveno gube svest... Naša Violeta, koju ste napola rasporili, bila je jedna od naših najpoznatijih glumica. Dolazili su izdaleka da bi videli kako se čereči njeno telo s oblinama iz snova, kako u potocima teče krv po njenoj sedefastoj puti, kako njeno anđeosko lice bledi. Ona je to radila s toliko žara, da je čovek uz malo veštine mogao uspeti da je natera da dugo uživa između dva grča patnje koja nikako nije mogla biti lažna...“

Da li je ovaj čovek razumnog izgleda potpuni ludak? Ili želi da mi postavi zamku? U nedoumici, a kako bih pokušao da više saznam, oprezno zalazim na njegov teren, vidno posejan minama prideva iz čak i neupućenima previše dobro poznatog repertoara:

„Ja sam, ukratko, optužen da sam iz zlobe upropastio jednu od vaših lepih dečijih igračaka?

– Ako tako želite... Ali pravo da kažem, imamo mi mnogo drugih. I nimalo se ne brinemo kako ćemo obnoviti zalihe, s obzirom na obilje kandidata. Vaša draga Žiži, na primer, uprkos svojoj mladosti i očiglednom nedostatku iskustva, što, uostalom, nije bez svojih čari, već u toj donekle naročitoj oblasti pokazuje iznenađujuću obdarenost. Nažalost, narav joj je malo teška, hirovita, nepredvidljiva. Trebalo bi da prođe kroz usavršavanje u jednoj od naših škola za robinje u krevetu; ali ona to odbija kroz smeh. Tehničko i sentimentalno obrazovanje budućih hetera je, međutim, zadatak od suštinske važnosti za policiju koja se bavi porocima, ako želimo da rehabilitujemo njihovu profesiju."

Naš komesar koji voli erotska preterivanja govori odmerenim i promišljenim glasom, s ubeđenjem, mada pomalo sanjalački, što kao da ga sve više udaljava od njegove istrage, i on se gubi u magli sopstvene psihe. Da li je i eros povlašćeno mesto večnog ponavljanja istog i neumornog vraćanja, uvek spremnog da se iznova javi? Da li sam ja ovde zato da bih prizvao pameti tog državnog činovnika koji se u svoj posao upleo na previše ličan način?

„Ako zaista mislite da sam ja ubica, i još pri tom ludak nesposoban da kontroliše svoje sadističke nagone, zašto me odmah ne uhapsite?"

Lorenc se uspravlja na stolici da me iznenađeno pogleda, kao da je odjednom otkrio moje prisustvo, kao da se vraća iz zabludelosti kako bi mi se pridružio na zemlji, ipak ne napuštajući ton prijateljskog razgovora:

„Dragi moj Marko, ne savetujem vam to. Naši zatvori su stari i dramatično su lišeni komfora, naročito zimi. Sačekajte bar do proleća... Osim toga, ne bih želeo da preterano razljutim lepu Jo, koja nam čini lepe usluge.

— Da i vi ne učestvujete u njenom poslu?

— *Doceo puellas grammaticam* — odgovara komesar sa saučesničkim osmehom. Pravilo dvostrukog akuzativa za našu marljivu mladež! Najpre ih treba naučiti sintaksi i korišćenju odgovarajućeg rečnika, to mi se čini kao najbolji metod za obrazovanje adolescentkinja, naročito ako žele da rade u sredini koja se donekle brine o kulturi.

— Uz telesno kažnjavanje pride, za pogrešnu terminologiju i konstrukcije?

— Svakako! Batina je imala suštinsku ulogu u grčko-rimskom vaspitanju. Ali pomislite samo: dvostruki akuzativ, dvostruka optužba, dvostruka kazna, ha, ha! Varvarizmi u govoru uvek idu u paru s greškama u ponašanju u negovanju pohote. Zato, preciznim crvenim tragovima ostavljenim na telu tankom šibom treba, kako bi se školarke istovremeno pripremile za plastične kazne svojstvene zanatu koji su izabrale, dodati začin nekog sračunato čulnog položaja, uz neki stub snabdeven alkama za koje mogu biti vezane odgovarajućim lancima, ili oštre bodlje na spravi za mučenje... Položaja čulnog za učitelja, razume se, ali bolnog za učenicu!"

Kao što se često događa u dobro uređenoj policijskoj instituciji, Lorenc kao da zaista živi u savršenom skladu s manje-više prekora dostojnim aktivnostima u sektoru koji ljubomorno nadgleda. Osim toga, treba da priznam da govori mnogo bogatiji francuski nego što sam u prvi mah pomislio, onomad u sali kafea kod Saveznika, jer dozvoljava sebi jezičke igre, čak i povodom latinskih citata... Nov problem iskrsne u mom duhu, ovog puta u vezi sa službom kojoj pripadam, ili sam barem „pripadao":

„Recite mi, Komesare, Pjer Garen, koji je izgleda izuzetno povezan s gospođom i gospođicom Kast, da li je i on pripadao toj libertenskoj organizaciji?

– U svakom slučaju, Pjer Garen je bio svuda, bar ovde, u našem Zapadnom Berlinu, osa oko koje se vrte svi poroci, nemoralna trgovina i kvarni poslovi. To je našeg prijatelja i uništilo. Izdao je previše ljudi istovremeno. U vezi s tim mogu da vam ispričam zanimljivu priču, još neobjašnjenu. Već smo imali, od pre dva dana, prvi leš Pjera Garena, u vreme kada vas je posetio ono popodne, savršeno zdrav. Uostalom, prilično brzo smo shvatili da unakaženo telo otkriveno u bari ustajale vode na najnižoj tački dugačkog podzemnog prolaza koji ispod mrtvog rukavca na kanalu vodi iz vile Kastovih na suprotnu obalu, u stvari nije leš vašeg nesrećnog kolege, mada smo u unutrašnjem džepu njegovog sakoa našli francuski pasoš na ime Garija P. Sterna, rođenog u Vičiti, Kanzas, što je ime koje je on najčešće koristio među svojim brojnim pseudonimima. Jedina pretpostavka koju smo mogli smatrati za uverljivu, a svakako i najrazumnija, bila je ta da je pokušavao da nestane. Verujući, nesumnjivo, da je u opasnosti, pomislio je da najbolji način da pobegne ubicama koje ga progone, ne zna se iz kojeg razloga, jeste taj da prikaže kao da je već mrtav. Trideset do četrdeset časova kasnije, neko ga je ubo nožem u leđa pre nego što je bacio njegovo telo u kanal, ponovo u neposrednoj okolini vašeg hotela.

– Znači, ubeđeni ste da sam to bio ja?

– Ma ne, nikako! Nagovestio sam ovu pretpostavku za svaki slučaj, da prema vašoj rekaciji vidim imate li nešto da nam saopštite povodom pitanja koje smo tek načeli, u zamahu pripovedanja... U vreme koje je za nas izuzetno zanimljivo.

– Sledite neki trag?

– Razume se, i to nekoliko. Stvari napreduju krupnim koracima, u mnogim pravcima.

– A povodom ubistva starog Fon Brikea?

– To je drugačije. Pjer Garen, kao i Valter, odmah su vas poimence optužili. Ovaj drugi čak tvrdi da je pucao na vas kako bi osvetio smrt oca.

– Verujete mu na reč?

– Cela njegova priča drži se veoma dosledno: hronologija, vreme potrebno da se pređu rastojanja, dodatna svedočanstva, a da i ne pominjemo savršeno ubedljive razloge koji su vas naveli na oceubistvo. Na vašem mestu, i ja bih učinio isto.

– Osim što ja nisam oberfirerov sin. To što je on bio nacista, što je napustio svoju vrlo mladu ženu zato što je bila polu-Jevrejka, što je bio previše revnostan u Ukrajini, ne tiče me se na porodičnom planu.

– Grešite, dragi moj, što tvrdoglavo ostajete u tom ćorsokaku, naročito uz vašu mutnu prošlost, oca koji je navodno nepoznat, detinjstvo koje ste proveli lutajući između Finistera i Pruske, sećanje koje vas izdaje...

– Dok je vaš Valter sušta jasnoća, bez istorije i iznad svake sumnje! Znate li za njegove sadističko-pornografske slike i crteže?

– Naravno! Svi to znaju. Čak se i prodaju lepe litografske reprodukcije u specijalizovanoj knjižari na Zoo-banhofu. Usred velikog rasula, čovek zarađuje za život kako zna i ume, a on je sad stekao položaj umetnika."

U tom trenutku, kruta bolničarka u uštirkanom belom mantilu ponovo je, ne pokucavši na vrata, prešla prag moje sobe, donoseći mi vrećicu od prozirne plastike gde se, najavila mi je na čistom i odsečnom nemačkom, nalaze dva metka koja je hirurg izvadio, i koje mi poklanjaju za uspomenu. Lorenc je pružio ruku da uzme vrećicu pre mene i pogledao je iznenađeno. Na njegovu presudu nije trebalo dugo čekati:

„Ovo nije kalibar devet milimetara, nego sedam šezdeset pet. To sve menja!"

Brzo ustavši sa stolice, izišao je s bolničarkom ne pozdravivši me, ponevši sa sobom sumnjive metke. Nisam više znao da li to sve menja u odnosu na mene. Zatim sam imao pravo na bljutav obrok, bez ikakvog napitka koji bi me razgalio. Napolju je već pala noć, neizvesna i bledunjava od veoma guste magle. Međutim, nije se upalila nijedna svetiljka, ni napolju, ni unutra... Tišina, sivilo... Nije mi dugo trebalo da zaspim.

Nekoliko časova kasnije (koliko, ne znam) Žiži se vratila. Nisam video kad je ušla. Kada sam otvorio oči, možda probuđen sitnim šumovima njenog prisustva, bila je tu, stajala pred mojim krevetom. Neko neuobičajeno oduševljenje čitalo se na njenom detinjastom licu i pokretima; ali nije se radilo o radosti, niti o preteranoj živosti, nego pre o nekakvom nervoznom bunilu, kakvo proizvode izvesne otrovne biljke. Bacila je na moj pokrivač mali tvrdi i sjajni pravougaonik koji sam odmah prepoznao, čak i pre nego što sam ga uzeo u ruku: bio je to Valterov *Ausweis*, onaj koji mi je neočekivanom srećom poslužio na izlasku iz mračnog tunela, kada sam kroz podrume napustio prodavnicu lutaka. I rekla mi je veoma brzo, uz neko kreveljenje bez radosti:

„Drži! Donela sam ti ovo. Dodatnu ličnu kartu, uvek može da ti zatreba u tvom poslu. Za fotografiju bi se zaista moglo reći da je tvoja... Valteru više neće biti potrebna, mrtav je!

— I njega su ubili?

– Da: otrovali ga.

– Zna li se ko je to učinio?

– Ja, u svakom slučaju, to znam iz dobrog izvora.

– Pa?

Priča koju je potom ispričala bila je tako opširna, tako brza i mestimično tako zbrkana, da ću ovde radije samo ukratko preneti njen sadržaj, bez uzaludnih ponavljanja i digresija, a pre svega ću je ispričati nekim redom. Nastavljam, dakle, i rezimiram: u jednom od slobodnih noćnih lokala u blizini Sfinge, koji nosi naziv Vampir, kuda je Valter često odlazio da popije koktel koji prave u toj kući, pripremljen od sveže krvi mladih žrtava, *barmaids* u prijatno raskopčanim kratkim vazdušastim bluzicama koje su gospodu služile pićem i uživanjima. Žiži je te večeri predložila svom učitelju da za njega – ali nasamo – dole odigra ulogu koju je on toliko cenio, i da ponovi ceremoniju sa spostvenom krvlju. On je to, naravno, oduševljeno prihvatio. Sam doktor Huan joj je pustio krv koja je imala da bude prinesena na žrtvu, u jednu od malobrojnih uskih kristalnih čaša za šampanjac sačuvanih u ispravnom stanju. Osim alkohola i crvene paprike, Žiži je, sama u toaletu, mešavini dodala i veliku dozu cijanovodonične kiseline, koja je celini dala prepoznatljiv miris na gorki badem, koji Valteru nije bio sumnjiv. Vrhom usana, čak ga je ocenio kao izvanredan, i u jednom gutljaju je popio taj ljubavni napitak. Umro je za nekoliko sekundi. Huan je ostao savršeno miran. Sumnjičavo je omirisao ostatak crvenkaste tečnosti koja je ostala na zidovima čaše. I upro je pogled u mladu devojku, ne rekavši ništa. Ona nije oborila pogled. Tada je doktor izrekao svoju dijagnozu: „Srčani udar. Napisaću ti

172

potvrdu o prirodnoj smrti." Žiži je odgovorila: „Kako je to tužno!"

Posle mog izlaska iz američke bolnice, otputovao sam s njom na ostrvo Rigen, na ono što je ona nazvala našim bračnim putovanjem. Međutim, uz obostrani pristanak, odmah po našem povratku trebalo je da se oženim uznemirujućom mamom. Žiži je to rešenje smatrala za najmudrije, najprimerenije njenoj prirodi: volela je ropstvo, nema nikakve sumnje, ali kao erotsku igru, i naprotiv, iznad svega držala do svoje slobode. Zar to nije upravo jasno pokazala?

Moj polet u nežnosti, kao i u posedovanju, uostalom, još je bio pomalo zauzdan mojim povredama. Levo rame moralo je izbegavati izvesne pokrete, a ruka je ostala u povezu, iz predostrožnosti. Ukrcali smo se u isti voz, na stanici Berlin-Lihtenberg, iz kojeg sam se ja iskrcao petnaest dana ranije, i u istom smeru, to jest, ka severu. Na staničnom peronu bila je gužva. Pred nama je stajala nepomična zbijena grupa prilično krupnih, veoma mršavih ljudi, u dugim crnim tesnim kaputima i sa filcanim šeširima širokog oboda, isto tako crnim, koji su čekali ne zna se šta, jer je kompozicija koja je stizala iz Halea, Vajmara i Ajzenaha već odavno bila stigla. Iza te gomile, kao na pogrebu, ili na bogosluženju, učinilo mi se da sam opazio Pjera Garena. Ali njegov lik se malo promenio. Tek nikla brada, od najmanje osam dana, pokrivala mu je obraze i bradu neodređenom senkom. A crne naočari skrivale su mu oči. Diskretnim pokretom glave pokazao sam tog povratnika iz mrtvih svojoj maloj verenici, koja mi je, pošto je nakratko bacila pogled u njegovom pravcu, potvrdila ne pokazujući ni najmanje uzbuđenje da je to zaista on, rekavši mi osim toga da je udobni kaput koji nosi na leđima pripadao Valteru. Žoel je bila ta koja je

Pjeru Garenu rekla da izabere šta mu se sviđa od garderobe dragog pokojnika.

Začudilo me je što je poželeo moju odeću. Prineo sam slobodnu ruku unutrašnjem džepu na sakou, gde je tvrdi ausvajs stajao na svom mestu. Doktor Huan je, na naš zahtev, sastavio potvrdu o smrti na ime Marka fon Brikea. Lorenc je bez teškoća dao svoj pristanak. Dopala mi se pomisao na moj novi život, čije mi mnoge strane pristaju kao rukavica na ruci. Bol koji mi je sevnuo u levom oku podsetio me je na borbe na istočnom frontu, u kojima sam učestvovao samo preko posrednika. Pomislio sam da, odmah po dolasku u Zasnic, treba da nabavim tamne naočari kako bih zaštitio povređene oči od zimskog sunca na blistavo belim liticama.

AUTOBIOGRAFSKI ZAPIS

Alen Rob-Grije, agronomski inženjer, sineasta i romansijer, rođen je u Brestu 18. avgusta 1922. godine u porodici kakva se obično naziva skromna, mada skromnost nikada nije bila svojstvena roditeljima previše obeleženim duhom klana, slobodoumnim, nepokornim, anarho-monarhistima, koji su čak neopozivo osudili vojsku, religiju i parlamentarnu demokratiju.

Posle klasičnih studija grčko-latinskih humanističkih nauka, usredsredio se na matematiku i biologiju, da bi se upisao na Nacionalni agronomski institut, gde je diplomirao 1945. Zatim je tokom sedam godina, sa zanimanjem, ali bez pravog oduševljenja, obavljao različite poslove u zvaničnim istraživačkim institucijama, između ostalog u oblasti statističkog predviđanja patologije vegetacije. Iznenada, počeo je da konstruiše priču, van pravila, čiji se junak koprca u rastrojenom prostoru i vremenu.

Ne zabrinuvši se što je taj prvi roman (naslovljen *Kraljeubistvo*) odbilo nekoliko pariskih izdavača, ubrzo potpuno napušta udoban put karijere koja je obećavala, kako bi se posvetio sporom pisanju knjiga koje, uverava nas Gaston Galimar, ne korespondiraju ni sa jednom vrstom publike. Njegov drugi roman se ipak pojavljuje u izdanju kuće Minui, tajno osnovane pod okupacijom, u kojoj Žerom Lindon namerava da očuva ideal otpora primljenim idejama.

Ali, tek dve godine kasnije, pojavljivanje romana *Oči koje sve vide* prekida oprezno i konsternirano ćutanje

175

kritike na vlasti. Ovoga puta, ona se razbesnela, idući čak toliko daleko da traži da pisac bude poslat u zatvor i ludnicu, dok Bataj, Bart i Blanšo bučno staju na njegovu stranu. Rob-Grije postaje književni savetnik u izdavačkoj kući *Minuit*, i to će i ostati dvadeset i pet godina.

S Lindonom, okuplja pod plavom zvezdom nekoliko romansijera i romansijerki s kojima se oseća kao brat, i koji svi ljubomorno čuvaju svoju nezavisnost, često stariji od njega, ali ne i naročito ortodoksni, te se tako nameće ideja o književnom pokretu: novi roman. Pošto istovremeno u novinama objavljuje kratke članke o književnosti, koji izazivaju skandal, čak će mu pripisati, nesumnjivo u zabludi, manje-više zlobne nazive vođe škole i pape.

Odmah zatim se o njemu proneo besmislen glas (hoće, kažu, da protera čoveka iz književnosti) koji će, postavljajući ga u prvi plan, odvratiti od njega većinu potencijalnih čitalaca, mada je *Ljubomora* 1957. godine predstavljala veliki komercijalni neuspeh, što ipak neće sprečiti da ta knjiga uskoro bude prevedena na tridesetak jezika. Slavno u celom svetu, ali, u stvari, veoma slabo poznato, njegovo delo će od tada podstaći obiman kritički diskurs, bilo otvoreno neprijateljski, bilo oduševljen, bilo razborito univerzitetski, koji će ga prekriti različitim i suprotstavljenim tumačenjima.

Pre svega, iz tog vremena potiče izvestan broj upornih besmislica, među kojima treba navesti mit o objektivnosti (dok Rob-Grije od samog početka zagovara totalnu subjektivnost) i apsolutnu prevlast pogleda (dok se kod njega vid neprestano dovodi u pitanje uz pomoć sluha). Ali ovakvi nesporazumi nisu plod slučaja, jer je tu reč o nepomirljivom, protivrečnom pismu koje se bori sa samim sobom.

Od sredine '60-ih do kraja '70-ih godina (od *Sastajališta* pa do *Uspomena iz zlatnog trougla*) ovaj nestabilni svet rasprsnuće se u još više zbunjujuće pokretne konfiguracije, što postaje još ozbiljnije zbog seksualne provokacije koju je veoma teško ulepšati. Ali, paradoksalno, energija teksta, njegova poetska snaga, njegov humor, biće mnogo bolje primećeni i polako će se stvoriti njegova prava publika. Desetak filmova koje je Rob-Grije napravio u tom razdoblju, mada su ih profesionalni poznavaoci filma primili sa zlovoljom, tome su nesumnjivo takođe doprineli.

Osamdesetih godina ta se publika još povećala kroz nova iskustva, s knjigama *Duh* i *Romaneske*, gde pisac meša svoj svet fantazmi koje se transformišu, lavirinata bez izlaza, s elementima koji su otvoreno dati kao autobiografski.

Već dvadesetak godina, radije razvijajući rad na teoriji istančanijim putem govornog jezika i dijaloga, Rob-Grije studentima starijih godina na više američkih univerziteta (pre svega Njujorškom, i Univerzitetu Vašington u Sent-Luisu, u Misuriju) redovno drži predavanja o novom romanu i njegovim književnim prethodnicima.

Alen Rob-Grije

REPRIZA ALENA ROB-GRIJEA

„Da, ovde ćete naći svakojake manje-više očekivane pozajmice iz mojih ranijih tekstova ili mojih filmova. Naći ćete čak i fantome celih knjiga: *Gumica*, Sofoklovog *Kralja Edipa*, i Kjerkegorove pripovesti davno objavljene pod naslovom *Ponavljanje*. Ali svi ovi elementi se kombinuju na nov način." Ovako je Alen Rob-Grije u jednom razgovoru opisao svoju *Reprizu*. Rob-Grije nije pisac koji koristi konvencionalne elemente kao što su dramatičan zaplet, koherentno proticanje vremena i psihološka analiza likova. Njegovi romani su sastavljeni od slika koje se vraćaju, bezlično opisivanih fizičkih predmeta i proizvoljnih događaja iz svakodnevnog života. Uprkos prividnoj usmerenosti na objektivnu stvarnost očišćenu od osećanja, Rob-Grije svoju književnost vidi kao krajnje subjektivnu, jer se u njoj svet posmatra očima lika: „Pravi pisac nema šta da kaže. Važno je samo kako to kaže. /.../ Sav moj rad upravo je usmeren na pokušaj da iznesem na videlo strukture fizičkog sveta."

Rob-Grijeov junak ide kružnim putanjom, koja ga naizgled dovodi do polazne tačke. Međutim, i pored sličnosti između početne i završne situacije, njegova sudbina se neizbežno menja. *Repriza* je roman koji prividno zatvara krug vraćajući se na početak: u stvari, preuzima ono što je pisano ranije i kreće napred kako bi stvorila nešto novo.

Izuzetan značaj koji pridaje vizuelnom naveo je Rob-Grijea da šezdesetih godina prošlog veka piše scenarija i režira filmove. Ova dela su istraživala i probijala granice očekivanih pripovedačkih struktura i konvencionalnog realizma. Rob-Grijeova teza da je fizički svet jedina istinska stvarnost, i da jedini način da se pristupi sećanju jeste putem fizičkih predmeta, vodila ga je i u najčuvenijoj dramatizaciji njegovih književnih teorija, filmu Alana Renea *Prošle godine u Marijenbadu*, za koji je napisao scenario.

Nekoliko Rob-Grijeovih dela, među kojima i *Oči koje sve vide*, predstavljaju detektivske priče u kojima je čitaocu ostavljeno da rešava zagonetku, ne dobivši „autorizovano" objašnjenje. Ovaj roman dobio je nagradu kritike 1955. godine, mada je deo žirija smatrao da to uopšte i nije roman. (Napomenimo da su ovaj roman, čiji izvorni naslov je *Voyeur*, Živko Kostić i Desanka Ilić već 1957. godine preveli na srpski jezik i objavili na Cetinju. Bio je to prvi, i zadugo jedini prevod nekog od dela ovog autora u našoj zemlji.) *Ljubomora* je jedna od najčuvenijih knjiga novog romana iz pedesetih godina. Radnja se odvija na plantaži banana u tropima, i takođe nalikuje detektivskoj priči. U *Duhu* (1981) Rob-Grije koristi drugi popularan žanr, špijunski roman. U *Lepoj zatočenici* (1975) polazi od mita o lepoj zatočenici, i teme preuzima iz slika Renea Magrita. *Trenutni snimci* (1962) uključuju i omaž slikaru Gistavu Morou u priči 'Tajna soba'. Ova hladno ispričana erotska scena sa ženom vezanom u lance, puna seksualnog nasilja, tipična je za Rob-Grijeova kasnija dela. Između 1985. i 1994. godine, Rob-Grije je objavio autobiografsku trilogiju koju je nazvao *Romaneske*. Tema lavirinta, najizrazitija u romanu *U lavirintu* (1959) povezuje ga s Borhesom – obojica su opčinjeni tumačenjima unutar tumačenja. Lavirinti su i teren na kojem se odvijaju špijunske priče. Koju god Rob-Grijeovu knjigu da pogledamo, naći ćemo njen trag u *Reprizi*. I još: „Svi moji romani su komični. *Repriza* možda i najviše", rekao je Rob-Grije za ovaj svoj već izuzetno popularan roman.

Površno čitanje *Reprize* navešće nas da pomislimo kako je tu reč o detektivsko-špijunskoj priči nalik onoj iz *Trećeg čoveka*. Pažljivijim čitanjem doći ćemo do brojnih elemenata koji ukazuju na sistematične aluzije na nešto drugo, zasnovano na složenoj igri odraza, udvajanja, i ponavljanja. Ašerova pustolovina u *Reprizi* predstavlja još jednu verziju Edipove tragedije. Još jednu Rob-Grijeovu verziju: raniju je napisao u romanu *Gumice*, iz 1953. godine, gde lik ubijenog nosi ime Dipon, koje je u *Reprizi* postalo Fon Brike – nemačka verzija iste reči – Most. Rob-Grije, međutim, ovde gradi celu mrežu mostova, tunela i lavirinata ka svojim ranijim delima, *Očima koje sve vide, Ljubomori, Sastajalištu*; štaviše, radnja je smeštena u godinu kada je Rob-Grije napisao svoj prvi roman, *Kraljeubistvo*.

„Pogled koji opisuje svaku stvar je pogled čoveka uvek upletenog u strasnu avanturu, od onih najopsesivnijih, u tolikoj meri da ona često deformiše njegovo viđenje i kod njega izaziva slike bliske delirijumu", zapisao je Rob-Grije 1961. godine. *Repriza* o kojoj je ovde reč predstavlja zastrašujuću književnu mašineriju koja stvara vrtoglavicu, ponavljanje kakvo nastaje kada se dva ogledala stave jedno naspram drugog: slika u slici u slici u slici... Ovde pisac udvaja, ponavlja, reprizira, nastavlja i rezimira ono što čini njegovu literaturu: sve što je izvesno, nestaje jedno za drugim, svi žanrovi se mešaju. Tajnom agentu poveren je zadatak koji treba da obavi u porušenom Berlinu 1949. godine. O tom zadatku on ne zna ništa, uloge se stalno iznova dele. Ko je ko? Identiteti su u najmanju ruku neuhvatljivi. Glavni junak (što je savršeno neprikladan termin da njime nazovemo lik koji neprestano menja ime, i kao fantom iskrsava i nestaje) ima najmanje tri ili četiri identiteta. Moguće je da je dvostruki agent, a možda i nije, stalno se razdvaja i udvaja, uplićući u svoju priču izveštaj o jednoj mogućoj stvarnosti (ali svaki pojam stvarnosti doveden je u sumnju), uspomene iz detinjstva na ivici halucinacije, prepričavanje snova, oslikavanje stanja koja potiču od psihoze.

Junak naspram sebe ima isto tako promenljiva i nepouzdana bića, koja manipulišu jedna drugima, lažu, varaju: još jedan tajni agent, braća blizanci koja zamenjuju mesta, svakojaki „statisti", na ivici karikature i stereotipa, poput vojnika, policajaca, lažnih sobarica velikog srca... A pre svega čudna porodica: otac, bivši nacista, navodno žrtva naručenog ubistva; majka koja vodi kuću punu perverznih devojčuraka koje u sado-mazohističkim erotskim igrama pružaju uživanja okupacionim oficirima; kći, adolescentkinja, nikako najmanje izopačena među njima; i konačno sin, za koga se u najvećem delu knjige ne zna da li je mrtav ili živ, ima li brata blizanca ili nema, i koji igra neobičnu ulogu. Sve je laž, zavaravanje i obmana.

I samo vođenje priče predstavlja deo igre. Ko govori? Identitet pripovedača ponekad se menja i u istoj rečenici. Montaža priče je virtuozna, scene se često prepliću kao u filmskom pretapanju, postavljajući stupice za čitaoca. Vreme i vremena pripovedanja sastavljena su vraćanja kroz vreme i sećanja, neprestanog prebacivanja iz sadašnjosti u prošlost, gotovo nasumičnog montiranja sekvenci; napomene, uključene u tekst, izobličavaju prespektivu ili obaraju pretpostavke na koje je čitalac bio naveden, književni citati uvode humor na kvadrat: *Repriza* se može čitati i tumačiti na mnogo načina. Kao detektivsko-špijunski roman, kao šetnja po muzeju, kao nova verzija Rob-Grijeovih ranijih knjiga, kao čitanje filmova, bilo da je reč o onima koje je sam pravio, bilo da je reč o Hičkoku ili Orsonu Velsu, kao porno-roman, kao niz slobodnih asocijacija, ispitivanje vremena, roman o dvojniku, udvajanju, porodičnim vezama, raspadanju jedne civilizacije, o perverziji, o avetima prošlosti koje proganjaju čoveka. I pre svega, o identitetu.

Aleksandra Mančić

SADRŽAJ

Izdavačko preduzeće
RAD
Beograd, Dečanska 12

*

Glavni urednik
NOVICA TADIĆ

*

Grafički urednik
MILAN MILETIĆ

*

Lektor
MIROSLAVA STOJKOVIĆ

*

Nacrt za korice
JANKO KRAJŠEK

Digitalizacija slova
DARKO STANIČIĆ

*

Za izdavača
SIMON SIMONOVIĆ

*

Štampa
Elvod-print, Lazarevac

Tiraž 1000

www.ingramcontent.com/pod-product-compliance
Lightning Source LLC
Chambersburg PA
CBHW071339090426
42738CB00012B/2947